今よみがえる丸山眞男

「開かれた社会」への政治思想入門

冨田宏治、北畑淳也　著

はしがき

本書は、丸山眞男の議論の大枠を紹介しながら、現代に生きる我々が彼の意思をどのように活かしていくことができるのかを考えられる内容となっています。本題は主に2つの疑問に応答するものとなっています。

1つ目のテーマが「今の時代になぜ丸山眞男なのか」というものへの応答です。これについては、彼のメインテーマである時代を超えて我々の思考に影響を与えているものは何かというものと逆に我々の思考から無意識に落ちてしまっているものはなにかについての議論を紹介することでこの問いに答えることが可能だと私は考えています。

たとえば、前者について本書では彼の有名な「古層論」という「古代にまで遡り日本人の思考を支配している要素」を抽出するというスケールの大きい取り組みを取り上げています。後者については『忠誠と反逆』で描かれた「武士の時代には少なくともあったであろう下から社会を突き上げる力の意義」を捉えながら、なぜそれが衰退していったのかというこれまた少し長い時間軸での議論を取り上げます。これらを通して、我々が今なぜこうあるのかというのを多様な角度から考える機会を提供する機会になれば非常に嬉しいところです。

そして本書のテーマの2つ目が、「丸山眞男は本当にイメージされているような人なのか？」というものへの応答です。丸山眞男はすでに戦後大いに批判されてきた人であり、彼を批判してから文章を書くというのがアカデミックにおいて一つのビックウェーブであったようなところもあるほどです。

しかし、丸山への批判はかなり硬直的であり、その中には著作を真摯に読んだ上での見解なのか疑いたくなるものも増えています。例えば、彼は「近代主義者」と呼ばれたり、「左翼」と呼ばれたりしています。もしかすると、そのようなイメージをお持ちの方もいるかもしれません。しかしながら、もしそうであれば、この本を読むにあたってはそのことを一旦すべて忘れていただきたいと考えています。

私自身がそうですが、本書執筆にあたって彼の著作を広く読み返す中で改めて私が感じたのは共著者である富田宏治さんも述べている「丸山眞男の食えなさ」です。読めば読むほど単純に「丸山眞男とはこういう事を言った人だ」と暗記的に処理することができないことに気づかされます。

第1部では、私が「哲学系ユーチューバーじゅんちゃん」として提供しているユーチューブ動番組『哲学入門チャンネル』で、冨田宏治さんを講師にした3回の講義をもとに、初学者でも入門編としてわかりやすいように脚注を加えて掲載しています。

私が書き下ろした第2部の論考は、丸山の代表的著作について、現代の政治を考察するためにも有益な視座を解説しています。これらを読んだ時に、丸山眞男がなぜ戦後間もない時期に脚光を浴びたのかが見えてくるかと思います。そして同時に、それが今なぜ再度注目されなければならないかについても明らかにしています。

２０２１年10月３日　北畑淳也

今よみがえる丸山眞男——「開かれた社会」への政治思想入門●目次

第1部

丸山眞男入門　「開かれた社会」への政治思想

第1章　丸山眞男を少しだけ
「超国家主義の論理と心理」とその後

冨田　冨田と申します。関西学院大学の法学部で教えています。もともと、じゅんちゃんの『哲学入門チャンネル』に登場したのは、とても生々しい大阪都構想の住民投票など大阪の維新の会とのたたかいについてでしたが、一方で学生時代から原水爆禁止運動にずっとかかわっています。本業では日本政治思想史という領域をやっていまして、その日本政治思想史の中でも、そもそも日本政治思想史という学問を打ち立てた人で、ご本人自身が思想家でもあり、だから日本政治思想史の対象でもあるという、丸山眞男という人を扱ってきました。

私は学問的系統でいうと、丸山さんの直弟子ではなく、ちょっと外れた弟子筋の田口冨久治[*1]さんという方の弟子にあたるので、自称孫弟子といっているのですが、一応孫弟子の世代として丸山さんに取り組んでいます。

お弟子さんの世代は、偉大な先生を叩くことで自らの名をあげてきています。学者の世界では、そういうところがあります。お弟子さんの世代は何とか丸山さんを批判したいと思っていて、批判してやって俺はこれで丸山を超えたというような形で売り出すのですが、私たち孫弟子の世代はむしろ先生の偉大さがよく分かるので、どっちかというとアンチ丸山ではなくてプロ丸山の読み方になります。そういう意味で、丸山先生たちの世代や直弟子の世代とは逆に、孫弟子の世代は丸山先生が何を本当に言いたかったのかということを、虚心坦懐に読みながら、評価すべきところは評価していくという見方をしてきたのではないかと思います。

丸山眞男という名前は知っていても、実際のところあまりくわしくは知らない方もおられるでしょうし、戦後日本の代表的な思想家ということで知ってもらえるきっかけにしたいと思います。丸山さんの代表的な論説である「超国家主義の論理と心理」から、そのエッセンスをうかがうことからはじめましょう。

「丸山眞男を少しだけ」ということで、「『超国家主義の論理と心理』とその

＊1　田口冨久治（たぐち　ふくじ　1931〔昭和6〕〜）名古屋大学名誉教授。マルクス主義の立場から国家論、政党論、政策論、民族問題を論じた。丸山眞男研究として、『丸山眞男とマルクスはざまで―私の政治学50年』（日本経済評論社、2005年）。

＊2　「超国家主義の論理と心理」　『世界』1946年5月号に掲載。『丸山眞男集』第4巻、『超国家主義の論理と心理　他八篇』（岩波書店、2015年）所収。

後」[*2]というテーマで、お話をしたいと思います。

「超国家主義の論理と心理」というのは、丸山の主著というか、最も彼を有名にした著作ともいうべき『現代政治の思想と行動』[*3]のなかに入っている論文で、それこそ彼を一躍日本でも、世界でもある程度知られた思想家としての地位に押し上げることとなった論文です。

いつ書かれたかというと、１９４６年2月ぐらいではないかといわれています。１９４５年8月に日本は敗戦を迎えましたが、その敗戦から半年ぐらいのうちに書かれています。戦争を遂行した大日本帝国の政治体制、あるいはその社会体制というものが持っている問題を、ものすごく鋭く解き明かしてきたものとして、現代でも高く評価されている論文だと思います。

この論文の紹介だけをしても面白くないので、今に通じる何かを読み取れるところがあるのではなかろうかという眼で見ながら、現代に続く問題を少し話し合えればいいのかとも思います。

「カミカゼ」と「南京」

丸山さんが「超国家主義の論理と心理」で取り上げたのは、〝15年戦争[*4]

＊３『現代政治の思想と行動』未来社から１９５６年に上巻、１９５７年に下巻が発刊。２００６年に新装版刊行。

〟といわれる１９３１年から45年までの戦争の時代における異常な政治体験です。それを、「超国家主義」ないしは「ウルトラナショナリズム（ultra nationalism）」と呼んで、その秘密をわずか半年後に解き明かそうとした論文だったわけです。

丸山さん自身は必ずしもこんなふうにはいってないですが、私なりに敷衍していうと、「カミカゼ」（神風特攻隊）と「南京」（南京虐殺）*5といわれる出来事を、日本人がなぜ同時になし得たのかということを説明する論理を、一生懸命考え抜いて明らかにすることが丸山さんの大きな狙いだったのであり、それをいちはやくやり遂げたということがこの論文の特長だといえると思います。

「カミカゼ」とは特攻で、自らの命を懸けて自殺攻撃をやったということです。「カミカゼ」というとゼロ戦を使った特攻は有名ですが、実はそれだけでなく、さまざまな特攻が行われていました。特殊潜航艇や人間魚雷「回天」、あるいは人間爆弾「桜花」などの特攻兵器が開発され、最後は、戦艦武蔵や大和まで特攻に行きました。

しかも、その特攻というのは基本的に、形式的には少なくとも強制によって行われたのではなくて、志願によって行われ、特攻に行く者は全員志願し

＊４　15年戦争
１９３１年の柳条湖事件勃発から１９４５年のポツダム宣言受諾（日本の降伏）までの足掛け15年（実質13年11カ月）にわたる日本の対外戦争、満洲事変、日中戦争、太平洋戦争の全期間を一括する呼称のこと。「15年戦争」の呼称は、鶴見俊輔が「知識人の戦争責任」（『中央公論』１９５６年１月号）のなかで使用したのが最初とされ、歴史学者の江口圭一が１９８０年代に広めた。

＊５　南京虐殺
日中戦争初頭の１９３７年12月、日本軍が南京を占領した際、約２か月にわたって多数の中国軍捕虜、敗残兵、便衣兵および一般市民を不法に殺害、暴行、虐殺、強姦、略奪、放火したとされる事件。

て行ったということになっています。この超国家主義といわれる末期の大日本帝国というのは、自ら進んで命を捨てさせるほどの秩序を誇っていたわけで、この秩序はいったい何だったのかというのが、一つの問いになります。

逆に、「南京」についいて今でもいろんなことがいわれ、デリケートな話だと思いますが、実はこの南京虐殺といわれるものは、今でもその実態は十分には把握されていないわけです。なぜ把握されてないかというと、虐殺事件の大半は極めて非組織的で非計画的に行われたものだったからです。組織的な虐殺なら、いったいどのぐらいの人たちが殺されたのかは、その後に明らかになるでしょう。しかし、およそ2か月間にわたって非組織的で非計画的に、南京を包囲した日本兵たちが、三々五々南京市街に入って、掠奪、強姦をした上で虐殺にいたるという、そういうことが繰り返された。だから、その実態というのは把握しようと思っても、なかなか把握できないわけです。

では、人に自らの命を捨てさせて特攻に志願させるような強烈な秩序が一方に存在しながら、なぜ他方で、南京を包囲した日本兵たちが本来は南京に入城しないよう命じられていたにもかかわらず、入れ代わり立ち代わり南京に入って掠奪・強姦・虐殺を繰り返すなんていうことが起きたのでしょうか。それは非組織的・非計画的で非合理な無秩序の極みだというべきでしょう。

強烈な秩序と無秩序の極み、そんなものがなぜ平行して存在し得たのかという問いです。

とくに「南京」の問題についていうと、ナチスのアウシュビッツにおける組織的で計画的で徹底的に合理的な虐殺と比較して、東西で同じ時期に行われた2つの虐殺のあまりの対称性、そこがやはり問題になるわけですね。「カミカゼ」と「南京」というこの両方を同時に説明できるような論理とは何なのだろうか。ここで超国家主義の問題を解いていくことは、その後の戦後日本政治を考えるうえでも、絶対不可避の課題だったのだと思います。

国体——国家が真善美の価値内容を独占する体制

そこで丸山さんが何を問題にしたのかというと、そういうすさまじい対外的膨張と対外的抑圧を行った体制の精神的な起動力が何だったのかということで、この問題にチャレンジをしたということになるわけです。

そこには、まず「表の論理」というのが存在する。これは「カミカゼ」の論理ですね。そして先走っていくと「裏の論理」、病理として、これが「南京」につながる。こういう表と裏の論理が存在するということを解き明かしていったということになります。

「表の論理」は何かというと、〝国体〟ですね。「万邦無比の国体」、「万世一系の神聖なる天皇が統治する」というこの国体の論理が、ある意味建前のなかで存在する。この国体の論理というのが問題だということです。

国体とは、国家が〝真〟〝善〟〝美〟という内容的価値を独占する体制だったのです。この〝真善美〟という人間にとっての内容的価値とは、何が真実で、何が善きことで、何が美しいかということであり、本来は各個人の主観的な内面性に委ねられるべきものです。つまり、一人ひとりが自分自身の主観において、何が真理で何が善きことで何が美しいかということを判断すべきものなのです。しかし、国体の論理は、そういう主観的な内面性を全面的に否定してしまった。国体とは、本来個々人のものであるべき真善美を国家が独占していくような体制の論理だったということが問題になるわけです。

国家が真善美の内容的価値を独占する体制というのは、トマス・ホッブズ[*6]の〝リヴァイアサン〟とも決定的に違うわけですね。ホッブズのリヴァイアサンというのは、実は人間の内面に立ち入らないということが原則になっていたからです。ホッブズは絶対的外在的な権力を想定するけども、それは人間の内面には立ち入らない、あるいは立ち入れない。だから内心の自由、心

＊6　トマス・ホッブズ
(Thomas Hobbes　１５８８〜１６７９)

清教徒革命（イングランド内戦）から王政復古期にかけてのイングランドの哲学者。『リヴァイアサン』で、決人間の「自然状態」を、

の中の自由をホッブズは否定しない。国体の論理に基づく大日本帝国とは、ホッブズのリヴァイアサンとは真逆に、まさに内面をこそ支配する国家だったというわけです。

国家はまず真善美そのものである。国家こそが真実であり、善であり、美であるといわれ、万邦無比の万世一系の神聖なる天皇が統治するという国体が真善美そのものであり、真善美の極致であり、最高の真理、最高の善、最高の美、それこそが国家なのだという論理が展開します。そして、そうであるがゆえに、すべての真善美の基準が国家である。そして当然、そのすべての真善美の内容の決定者も国家であるという、こういう存在であったのです。

つまり、人間の実存というか、真実の生、善き生、美しき生、逆に言えば真実の死、善き死、美しき死といったものを、すべて国家が決めてしまう。あるいは、国家によって決められてしまう。そういう体制だったということを、丸山さんは解き明かしていくのです。

「私事は悪」で「非国民」

そうすると、そこではどういう論理が展開していくのかというと、「私事

定的な能力差のない個人同士が互いに自然権を行使し合った結果としての「万人の万人に対する戦争」であるとし、この混乱状況を避け、共生・平和・正義のための「自然法」を達成するためには、「人間が天賦の権利として持ちうる自然権を国家（コモンウェルス）に対して全部譲渡（という社会契約を）するべきである」と述べ、社会契約論を用いて従来の王権神授説に代わる絶対王政を合理化する理論を構築した。社会契約説により近代的な政治哲学理論を基礎づけた人物として一般的に知られる。王太子時代のイングランド王チャールズ２世の家庭教師でもあった。

（わたくしごと）は悪」であるという論理が登場する。つまり、一人ひとりが自分の主観において価値判断をすることは「私事」で、それは「悪」である。国家こそが真善美の極致であるという価値を共有しない者は「非国民」ということで徹底的に排除され抑圧される。そういう体制だったということになる。こう丸山さんはいうのです。

そのわかりやすい例として挙げますと、ブルース歌手の淡谷のり子さん。[*7] 戦後にもたくさんブルースを歌っていましたが、淡谷さんも「非国民」といわれたのです。なんで「非国民」と言われたのかというと、淡谷さんはブルースを歌うためにはイブニングドレスがふさわしいという主観的価値を持っていたからです。私の主観的な価値を持っていたから、戦時中にズボンを変形させたモンペをはけといわれても、モンペをはかない。モンペをはくことを強制されても、ブルースはモンペをはいて歌うわけにはいかないと抵抗する。ささやかな抵抗ですよね。ささやかな個人の美的な価値観を貫いたがゆえに、淡谷のり子というブルース歌手は、「非国民」として迫害されました。つまり、どうでもいいようなことなのだけど、国家がどう言おうと、これは私にとって捨てられない否定できない美なのだとか、自分が捨てることができない真実だとか、そういう価値観を一人ひとりが持つということができて

＊7　淡谷のり子
（あわや のりこ　1907［明治40］〜1999［平成11］）
青森市出身の日本の女性歌手。日本のシャンソン界の先駆者。愛称は「ブルースの女王」。戦時下で多くの慰問活動を行い「もんぺなんかはいて歌っても誰も喜ばない」「化粧やドレスは贅沢ではなく歌手にとっての戦闘服」という信念のもと、第二次世界大戦中には禁止されていたパーマをかけ、ドレスに身を包み、死地に赴く兵士たちの心を慰めながら歌い送っていた。「英米人の捕虜がいる場面

いなかったということですね。

淡谷さんのように例外的にそういう人たちがいたのだけど、それはもう本当に例外的になってしまう。ブルースは悲しい歌だから、お国のためにならないということで、ブルースを歌うことすら禁じられる。そういうことに対して、ブルースこそが歌うにふさわしい歌なのだとか、ブルースの舞台にはモンペではなくてイブニングドレスじゃなければだめなんだとかという価値基準みたいなものを、一人ひとりが持つということは許されなかった。あるいは、そういうものを持った人は「非国民」として排除されていくような体制だったのです。

「表の論理」としての「滅私奉公」

だから、すべては〝お国のため〟というのが真善美の基準になる。お国のために生き、死ぬことだけが真実の生き方であり、真実の死であり、善き死であり、善き生であり、そして美しき生であり、美しき死である。こういう論理が展開していた。これは「滅私奉公」の論理だと、丸山さんはいうわけです。

では日本兵に背をむけ、彼等に向かい敢えて英語で歌唱する」、「恋愛物を多く取り上げる」といった行為の結果、書かされた始末書は数センチもの厚さになったとされる。

これがあるから、カミカゼに志願せざるを得なくなる。「今から神風特攻隊を編成するから、志願する者は一歩前に出ろ」といわれる。そこで一歩前に出れば、お国のための真実の善き美しき死が与えられる。

だけど、そこで一歩出なかったら、「お前はお国のために死ぬことのできない、お国のために生きることもできない、そういう非国民だ」といわれかねない。

一人ひとりが自分の中に〝実存〟の問題として、自分にとっての真善美があれば、そこで志願しなくても済むけど、一人ひとりの中に主観的な真善美というのが存在しないと、そこで一歩前に出ざるを得なくなる。でないと、「お前の生きている価値はない」といわれてしまう。

生きる価値というのを、本人の持っている主観的な内面でないところで決められてしまうというあり方は、今にも少し通じます。人間の価値を〝生産性〟ではかるというのがそれです。

人間の価値を生産性ではかられる生きづらさの中に、みんながさらされているといわれていますが、生産性ではかられるのが嫌だとして、では自分の中に生産性とは違う自分の生きる意味とか価値というのを、主観的な内面として持っていれば実はそれに耐えられるはずなのだけど、今の日本人もそこのとこが欠けているのではないかと思います。

そういう人たちが国家によって与えられた真善美、お国のためこそが真であり、お国のためこそが善であり、お国のためのことが美であるという論理の中に投げ込まれると、いともたやすくカミカゼに志願してしまう。そういうことが起きていたのだと思います。

この問題は今に通じてきますが、どうしてあのとき、日本の若者たちが神風特攻に形の上では自ら志願して行かざるを得なかったのか、そのことを支えている論理が何だったのかというのが、この「表の論理」ということになるわけです。

「裏の論理」として国家への私事の無制限な侵入

それに対して、「裏の論理」はどうなるかというと、これもまたなかなか現在でも身につまされる問題であるわけです。真善美をすべて決めて真善美の極地であり、真善美そのものであるという国家が存在すると、そこにどんなことが起きるのかというと、一つはその国家に私事が無制限に侵入してしまう。「私事＝悪」だといわれることとはうらはらに、国家の名において行われる限り、すべては善になってしまうということが起きるわけです。

警察官は国家の名において行動できるわけだから、警察官がいうことはすべて善になってしまう。官僚は国家の名において行動できるわけだから、国家の名において行動できる官僚が行うことはすべてが善になってしまう。悪たりえないみたいな話になる。

国家の名において行われることは、すべて善だという論理が展開してしまうと、国家の名において行われることのなかに、実はこっそりと私事が無制限に侵入していってしまうことになる。今でいえば「桜を見る会」[*8]がそうです。

私事が実はそこに紛れ込んでいるのだけども、本当は単なる私事なのだけど、国家の名において行動する限り、それは悪たりえないという論理が生まれることとなる。だから、超国家主義の論理の下では、国家の名において行動できる警察官とか軍人とか官僚が、あるいは町内会の会長といった人たちが、自らの行動を国家の名において行いながら、そこに私事を無制限に持ち込んでとことん私的な利益を追求していきました。

要するに、自分の私的に気にくわない人間をつかまえて、「お前は非国民だ」ということが可能だったということです。

＊８　**「桜を見る会」**　内閣総理大臣が主催していた公的行事で、１９５２年から例年ヤエザクラが見頃となる４月中旬頃に新宿御苑で開催されていた。安倍晋三総理（当時）の同会を私物化した公職選挙法、政治資金規正法、公文書管理法などへの抵触の疑いが高まって以後、２０１９年からは開催中止となった。

さらには、大日本帝国というのは善そのものなのだから、それは原理的には悪をなしえないということになって、奇襲攻撃をしようが、戦時国際法に違反しようが、それは決して悪にならない。だから、捕虜の虐待も起こるし、真珠湾攻撃をはじめ奇襲も許される。謀略も許されるということになってしまいます。

日本軍というのは基本的に戦時国際法をまったく無視していたわけです。「バターン死の行進」[*9]のように捕虜に対して残虐な扱いをして、戦時国際法違反に問われて多くの人たちが戦後にBC級戦犯として処刑されてしまいました。その一方で、日本の兵隊も戦時国際法というルールを教わらないから、『戦陣訓』[*10]で「生きて虜囚の辱めを受けず」と教えられて、捕虜になったらちゃんと人道的に扱われることになっているのに、捕虜になることが許されない。捕虜になったらみんな殺されることになると信じて、降伏をしないで最後まで玉砕することになります。

「無責任の体系」

さらに有名な「無責任の体系」——。自分たちが悪をなしうるという自覚

＊9　バターン死の行進
第二次大戦中の日本軍によるフィリピン進攻作戦において、バターン半島で日本軍に投降したアメリカ軍とアメリカ領フィリピン軍の捕虜が、捕虜収容所に移動する際に多数死亡した行進。

＊10　『戦陣訓』
1941（昭和16）年1月8日、東条英機陸相により布達。「国体の本義を体得」することを将兵に要求し、軍人勅諭の精神を実践するための具体的準拠を列挙し、投降を理念的に否定していたために多くの将兵が無益な死を強いられることとなった。

がないと、そこには〝責任〟という観念は生まれません。自分たちがひょっとしたら悪をなしうるかもしれないと思うから、悪を行わないように最大限の努力をし、そしてもし結果が悪であったら、それに対して責任を負うという感覚が生まれてきます。しかし、原理的に悪をなしえないという国家の一員である限り、そこには徹底的に「無責任の体系」が生まれてしまうのです。同時に、日本の官僚制はまだそうなのですが、無謬、間違いをしない、だから誤りを犯さないという前提に立っている。〝誤らない〟者は決して〝謝らない〟、謝罪をしない。誤らない人たちは謝らないのです。

絶対に何が起こっても責任を認めないし、それから謝罪をしない。あるいは、謝罪をして、いろいろ責任が私にあるといっても、責任は取らない。こういう無責任性というのは、実は悪をなしえないという、悪をなしうるという自覚が欠如しているところに初めて生まれてくるということです。

さらに、そういう無責任な人々が国家の名において私事をどんどん持ち込んでくることができる体制になれば、そこにおける権力者というのは、とことん卑小な人間に過ぎなくなってしまうということです。

ナチスの指導者はアウトローとして傲慢で、あるいは傲然とした人たちだったわけですが、それに対して日本の指導者というのは、一人ひとりは実は家庭ではただの良いお父さん過ぎなかった。だけど、ひとたび国家の名において行動し始めると、どこまでも傲慢で傲岸で無責任で、私事を無制限に持ち込んでいました。

とくに、軍隊ではそういうことが横行していました。自分の気に食わない部下がいるとすると、その部下に「こら！　俺の靴を舐めろ！」という命令を下すことができる。なぜそういう命令を下せるかというと、「上官の命令は天皇陛下の命令である」という論理が働いていたからです。

まさに国家の名において、「俺の靴を舐めろ」という私事が行いえて、しかも、そういう「靴を舐めろ」という悪は、国家の名において行われる限り、大日本帝国の名のもとに行える限り、こんな「ちっぽけな悪」も「絶対的な善」になってしまう。そういうことが日本の軍隊の中ではもう日常茶飯に行われていたわけです。

「抑圧の移譲」

そしてそこでは、天皇を頂点としたヒエラルキーの世界だから、今の言葉でいうとパワハラし放題ということになる。そうすると、その一番上から下に向かってどんどんパワハラのように、私事が国家の名において課せられてくるわけだから、下へ下へとどんどん抑圧が移譲されていきます。

大将は少将に対して私事を押し付けると、少将は大佐に私事を押し付けることになり、大佐は中尉に私事を押し付ける。すると、その下の軍曹たちがそれを受け止め、軍曹たちはさらにその下にいる一等兵や二等兵に、私事を国家の名において押し付けるという構造ができあがります。これを「抑圧の移譲」という。有名な言葉ですね。一番下のところに最もその抑圧がたまっていくのです。

これが戦場に出たときに爆発する。上から下へと移譲されてきた抑圧は、一番下の二等兵たちは自分たちよりも下がいないから我慢するしかないのですが、一度戦場に解き放たれたら、自分たちの下にもっと下の人を見出せますから、もうコントロールできない。残虐なことがそこで起こってしまう。日本軍というのは、そういう抑圧の移譲によってためられた、最底辺の抑圧の爆発によって強かったということになるのです。

だけど、それは兵士同士の戦いに向けられれば強さですが、非武装の市民に対して向けられた時は、それは掠奪・強姦・虐殺という形で表れてしまう。そういうメカニズムを、丸山さんはこの問題を通じて解いていったのです。

問題は「内面的規範の欠如」

　そこで最終的には何が問題だったのかというと、結局は一人ひとりが自分の中に真善美の基準を持ちえていなかったことが問題なのだということです。それを持っていれば、国家こそが真善美の極致であるとか、国家こそが真善美の決定者であるという論理に取り込まれないで済んだ。しかし、残念ながら日本人には、この論理に抵抗するぐらいに、一人ひとりの自分の内面において、何が真であり、何が善であり、何が美であるかということを決定していく基準というものを持ちえていなかった。これが結局、超国家主義の制覇を招いたのだろうということです。

　逆に、そういうものがないから、国家の名において行動できるとなった瞬間に、何の制限もなく自分の欲望を満たすということができた。だからレイプや掠奪、虐殺もできたという話になるわけです。

　一人ひとりの中に、人を殺してはいけないという規範がしっかりとあれば、たとえそんな状況の中に置かれたとしても、しなかったはずです。できなかったわけです。それが戦場に解き放たれた瞬間に、上からずっと降り積もってきた抑圧が最底辺において暴発してしまうということが起こるのは、一人ひとりの内面的な規範というものが欠如していたからなのだ、という話になるわけです。

だから、「カミカゼ」と「南京」の両方の問題を解くカギは、結論的には「内面的規範の欠如」ということだったということになる。だから、戦後に残された課題とは何かというと、一人ひとりが内面的な規範を確立することにほかならないということになった。丸山さんの研究はこういうものだったのです。

それゆえ、後でも触れますけど、丸山さんは戦後の出発点に最初に公表した文章のなかで、一人ひとりが規範意識を獲得していくことが大事なんだ、それが課題なんだということをいっているのです。

内面的規範としての〝liberty〟

では、内面的規範とは何だろうと考えると、実はそれは西洋における近代思想の中でまさに問題になってきたものだということになります。

まず西欧近代についてですが、ホッブズによれば、近代社会というのは欲望が解き放たれてしまう、そうすると人間は「万人の万人に対する戦争状態」に入ってしまう。「万人と万人との戦争状態」を起こさない、あるいは万人と万人との戦争状態から平和な状態を取り戻すためには、外在的絶対的な国家権力であるリヴァイアサンによって支配されなければならないのだ。こういう論理を、ホッブズは立てます。これが近代政治思想の出発点です。

このホッブズのリヴァイアサンを認めてしまうと、近代には欲望が解放されて、人々がその欲望に駆られてしまったら、絶対的な権力に支配されることは不可避だということになってしまいます。しかし、そうじゃないという議論したのがジョン・ロック[*11]とジャン＝ジャック・ルソー[*12]の「社会契約論[*13]」だったということになります。

リヴァイアサンからどうやって逃れるのか。リヴァイアサンから逃れる道、つまり、いったん欲望が解放されてしまえば、「万人の万人に対する戦争」という「ホッブズ的自然状態」が生まれてしまうので、「ホッブズ的自然状態を」制圧するためにリヴァイアサンがいる。ではそのリヴァイアサンからどうやって逃れるのかというのが、西洋近代における思想の展開なのです。そのキー概念が〝liberty〟です。

libertyとは何なのかというと、自分の内部で欲望を制御したり規律した

＊11　ジョン・ロック
(John Locke　1632〜1704)
イギリスの哲学者。『統治二論』で名誉革命を理論的に正当化し、そこで示された社会契約や抵抗権についての考えはアメリカ独立宣言、フランス人権宣言に大きな影響を与えた。

＊12　ジャン＝ジャック・ルソー
(Jean-Jacques Rousseau　1712〜1778)
フランス語圏ジュネーヴ共和国に生まれ、主にフランスで活躍した哲学者、政治哲学者、作曲家。『社会契約論』において「一般意志」の概念を提出したことによって国民主権概念の発展に強い影響を与えた。

りする規範を持つことです。これをlibertyと呼びました。libertyとは自分で自分の欲望を、ホッブズがいう万人の万人に対する戦争を引き起こさないように、あるいはそれを引き起こすことでリヴァイアサンによって制圧されることがないように、欲望を自分の内面の基準によって、理性によって自己規律し制御することを意味することになったのです。

このことは、日本人にはなかなか理解しにくいところなのですが、それは〝憲法（constitution）〟というものの本質はいったい何なのかということにも関わります。自分の内面的な理性で自己規律できる領域、これをlibertyの領域として設定すると、それができないところは国家権力が介入すべき、つまりリヴァイアサンが介入すべき領域として確定します。それを一つひとつ約束・契約によって確定をする契約書、これが憲法なのです。

たとえば、言論の〝自由（liberty）〟というのは、言論の領域は市民が自律・自治する領域なので、国家権力、つまりリヴァイアサンは介入してはいけないということが書かれているのです。憲法で「〜の自由はこれを保障する」と書かれているのは、すべてそういう意味なのです。「学問の自由はこれを保障する」というのは、学問の領域は自律・自治の領域なので、ここにはリヴァイアサンとしての国家権力が介入してはならないといっているわけで、

＊13　**社会契約**
政治学や法学で、ある国家とその市民の関係についての契約を指す用語。「国家（state）」が成立する前の「社会（society）」の原始的な「自然状態（state of nature）」を仮定した上で、国家の正当性の契機を契約に求めるもの。17世紀のトマス・ホッブズやジョン・ロック、ジャン＝ジャック・ルソーが近代的社会契約論の代表論者で、現代ではジョン・ロールズの『正義論』が社会契約論の再興に寄与した。

これが憲法における契約、「社会契約」なのです。

今の菅首相はそのことが理解できないので、学術会議会員の任命に介入したわけですけども、学者が自律・自治している領域には国家権力が介入してはならないのです。これが憲法での「学問の自由」、「言論の自由」、「表現の自由」ということの意味なのです。ただ自律・自治ができていない、自律・自治が成立していないとはっきりすれば、リヴァイアサンさんが介入するしかない。「ホッブズ的自然状態」なのだから。そこに対しては、リヴァイアサンが介入することになるというのが、憲法（constitution）というものの本来の意味なのです。

私はこの間、安倍・菅政権に「立憲主義を守れ」とずっと叫んできたのですが、〝立憲主義（constitutionalism）〟というのは、こういう意味での約束なのです。市民と国家との間での契約なのだから、一方的破棄とか一方的な解釈の変更とかは許されないのです。

憲法は〝法律〟ではないです。法律は国家が定めた決まり、ルールです。他方で、憲法は市民と国家の間、国民と国家の間における、どこまでがlibertyで、どこまでがリヴァイアサンなのかを定めた契約書なので、これを国家が勝手に解釈を変えるとか、国家の側から改正を言い出すとかは、ちょっと変な話だとことになるのです。そういうことも含めて、この憲法（constitution）と liberty の関係は、ほとんど日本の政治の世界では理解されていないのです。

自分の欲望を自己制御、自己規律、自己統治し、liberty を維持することこそが、丸山さんが日本人に絶望的に欠如しているではないかと考えた、内面的規範そのものなのです。

内面的規範をめぐるポストモダンとの対立

では、内面的規範とはそんなに良いものかというと、なかなか難しい。たとえば、第二次世界大戦後の西洋現代思想では、この内面的規範という近代的な規範、近代的理性とか近代合理性いうものに対して、みんな大いに疑問を呈してきたわけです。自分の欲望を自分の内面で規律したり制御したりするものを、「理性的な主体」というのですが、それは相当無理があるのではないかということを、たとえばミシェル・フーコー[*14]や、彼の前にテオドール・アドルノ[*15]などが問題にしてきました。つまり、近代的な理性は〝野蛮〟に転化してしまったのではないかと。ナチスに対する反省がこういう議論を巻き

＊14　ミッシェル・フーコー
（Michel Foucault
１９２６〜１９８４）
フランスの哲学者、思想史家、作家、政治活動家、文芸評論家。『知識の考古学』（１９６９年）、『監獄の誕生』（１９７５年）、『性の歴史』（１９７６年）を発表し、社会における権力の役割を強調する考古学的・系譜学的手法を開発した。

＊15　テオドール・アドルノ
（テオドール・ルートヴィヒ・アドルノ＝ヴィーゼングルント
Theodor Ludwig Adorno-Wiesengrund
１９０３〜１９６９）
ドイツの哲学者、社会学者、音楽評論家、作曲家。マックス・ホルクハイマー、次

起こしてきたのです。

日本人の私たちや丸山さんにしてみれば、こういう近代的主体ともいうべき自らの内部においてしっかりと真善美を判断できる規範・理性を持つことはとても大事なのだけど、ヨーロッパの人たちは逆に、そういうものが過剰になったことによって、さまざまな問題が起こったのだと戦後は考えてきた。だからその意味で、ポストモダン[*16]の思想と丸山さんの思想というのは、激しくぶつかり合う関係になってしまうことになります。

とくにヨーロッパの思想家にとってみれば、ナチスのアウシュビッツ[*17]が一番大きなポイントだったのです。それが反省の出発点にある。「アウシュビッツ以降、詩を語ることは野蛮である」と、アドルノは『啓蒙の弁証法[*18]』でいうわけです。アウシュビッツにおいては、まさに人間の本来良いものだといわれていた近代的な啓蒙的理性というものが、あの徹底的な合理的虐殺という野蛮を生んだのではないかという反省です。この反省が現代思想を貫いてきました。

そこでフーコーは、〝主体（subject：フランス語でsujet）〟は同時に〝臣下〟であり、一人ひとりの主体というものがまさに権力にほかならないのだ、という結論に達するわけです。つまり、近代人は外在的な権力であったリヴァ

世代のユルゲン・ハーバーマスらとともに「フランクフルト学派」を代表する思想家。ナチスに協力した一般人の心理的傾向を研究し、「権威主義的パーソナリティ」について解明した。

＊16　ポストモダン（Postmodern）　近代から脱却することを目標に、20世紀中葉から後半にかけて、哲学・芸術・建築・評論などの分野で流行した広範な思想運動。広義には、近代のあとに続くと考えられている時代とその傾向を指す言葉である。ポストモダニズムは、近代主義と関連のあるイデオロギーの拒絶によって一般的に定義され、啓蒙主義的な理性主義を批判し、政治的・経済的権力の維持におけるイデオロギーの役割に焦点を当てていることが多い。

イアサンを自分の内面の中に取り込んでしまった、内面に再構築してしまったのだと。それがロックたちによっては、人びとがリヴァイアサンから逃れるための道であったのだけど、それはフーコーたちにとってみれば、こうした自己規律する主体というのは、まさに権力にほかならないのだと。リヴァイアサンを一人ひとりが自分の中に作り上げたのにほかならないのだ、という批判を招くことになったということです。

だから、丸山さんたちは戦後に活躍するのだけど、戦後という時代はヨーロッパでは丸山さんとはまさに正反対に、そういう近代的な主体、あるいは内面的な規範といったものに対する徹底的な批判が行われる時代であったのです。ここがある意味では非常に面白いのではないでしょうか。

Liberty＝〝自由〟という誤訳

ところで、libertyを日本人がなかなか理解できないというのは、libertyが不適切な言葉に翻訳されてしまったからです。本来、libertyの翻訳語として絶対に選択されるべきじゃなかった言葉、それが「自由」という言葉なのです。

＊17 **アウシュビッツ**　ナチス・ドイツが第二次世界大戦中に国家を挙げて推進した人種差別による絶滅政策（「ホロコースト」）および強制労働により、最大級の犠牲者を出した強制収容所。ポーランドのオシフィエンチム市付近に３つの大規模な強制収容所で構成されていた。収容者の90％がユダヤ人であった。

＊18 **『啓蒙の弁証法』**（テオドール・アドルノ、マックス・ホルクハイマー著、徳永恂訳、岩波書店、２００７年）

たとえば、私が教えている関西学院大学の学生は英語が得意だとされていますから、彼らに聞いてみました。目が「不自由」な人とか、お金に「不自由」しているということを、liberty や liberal という英語を使って翻訳できるのか、やれる人は手を挙げてくださいと聞くと、無理なのです。

なぜかというと、liberty と自由とでは意味が違うからです。liberty とは先にいったように、欲望を自分の内面の規範によって制御したり規律したりすること。自由とは「それは私の勝手でしょ」という意味、つまり、思い通りにできる、欲しいままにできる、欲望のままにできるという意味で、「目が不自由な人」というのは「自分の思いどおりに見える目がない人」という意味であり、「お金に不自由している」というのは、「自分が思い通りすることのできるお金がない」という意味です。

このように。自由という言葉の意味としては正しいけど、それは liberty という言葉の意味とはまったく正反対になってしまうということが日本では起きているのです。

なぜそうなってしまったのか。実は自由という言葉はもともと漢語で、それが初めに出てくるのは『後漢書』[19]で、「我がまま勝手」という意味です。吉田兼好[20]も『徒然草』で大変正しく使っていて、「世を軽く思ひたるくせも

＊19　『後漢書』
中国後漢朝について書かれた歴史書。

＊20　吉田兼好
（よしだ けんこう　1283［弘安6］頃？〜1352［文和元／正平7］頃？）
鎌倉時代末期から南北朝時代にかけての官人・遁世者・歌人・随筆家。日本三大随筆の一つとされる『徒然草』の作者。

のにて、よろず自由にして、おほかた人に従うといふことなし」と言っている。今の私たちが使っている自由の言葉となんら意味の違いはないです。

だけど、それを勝手に liberty の翻訳語にしてしまった。だから liberty の意味を自由という言葉は表現できていないのです。

だから、いろんなことがわかりにくくなる。さっきの憲法（constitution）の問題も非常にわかりにくい。〝表現の自由〟というのは、思いのまま好き勝手に表現ができることだと思っている。だけど本当の〝表現の liberty〟というのは、表現については一人ひとりが自分の内面的な規範によって何が正しくて何が善くて何が美しいか、逆に何が美しくなく何が悪であって何が虚偽であるかということを判断して、自分たちでコントロールすること、自分たちで規律することなのです。

そういう意味で理解をすることなく、むしろ私たちが通常考えている「表現の自由」を貫けば、リヴァイアサンに介入されるしかないのです。

その典型例があります。昔、神戸で14歳の子どもの犯人が小学生の首を切って晒したという非常におどろおどろしい事件があったのですが、その14歳の犯人の顔写真と実名を、表現の自由の名の下に公表した週刊誌があったのです。これが表現の自由だと主張したわけです。

だけどそんなことをすれば、まさに国家の介入を招くことになるわけです。どうなったかというと、このことをきっかけに個人情報保護法とかそういう法律で、リヴァイアサンの介入を許すことになってしまったのです。

つまり、本当に出版・表現といった領域が liberty の領域であろうとするのであれば、そこに関わる人たちが自らの手で自己規律していなければいけなかった。だから、その写真は公表すべきではなかった。表現の liberty の問題としては、むしろそれを決して公表すべきではなかったし、そう判断すべきだった。だけど、それが表現の自由だということで、まさに欲望のまま、思うままに公表してしまったから、やがて国家、つまりリヴァイアサンがそこに介入してくることになったのです。

そういうことがあって今、国家が介入して個人情報保護やらなんやら非常に煩わしいことになっている。そういう結果を生み出してしまったのです。どうしてそうなるかというと、まさに「自由」というものが人間の欲望のままに行動してもよいという意味で、もう明治の早い段階から定着してしまったからなのだという話になります。

「個人と国家の相互媒介」の欠如

それからもう一つ、自由というものへの反動として、「社会進化論」[*21]というものが持ち込まれます。私たちもこれにいまもなお苦しみつづけているわけです。ダーウィンの進化論を社会に単純に持ち込むと、結局は生存競争や適者生存という話になって、自由な競争こそが社会にイノベーションをもたらしていくのだという、おなじみの新自由主義[*22]者たちの議論になるわけです。こういった議論がいまなお圧倒的な力を持ったりするのも、そもそも丸山さんが戦後直後に問題にしたようなことが、日本ではいまだに解決されていないということなのだろうという話です。

丸山さんはこんなふうにいっています。明治維新が残した課題は何だったのかというと、「個人的内面性に媒介されない国家主義」の展開、つまり「個人と国家の相互媒介」が成立していないという問題がある一方で、「まったく非政治的な、つまり星や薫花を詠い、官能的本能的生活の解放に向かうところの個人主義」が、この国家主義と分裂したまま無媒介に併存しているという課題が残されたのだと（「明治国家の思想」１９４９）[*23]。

＊21　社会進化論（Social Darwinism）
ダーウィンの生物進化論を適用して社会現象を説明しようとする立場。とくにダーウィンの生存競争による最適者生存の理論を誤解ないし拡大解釈して、社会進化における「自然淘汰説」を導き出そうとしたイギリスの社会学者ハーバート・スペンサーらが19世紀末から20世紀初頭に唱えたのち、利潤追求や特定人種の支配・征服を合理化するために用いられ、ナチズムの人種理論、優生学，帝国主義の思想的正当化の一翼を担った。

＊22　新自由主義
（neoliberalis

つまり、何をいいたいのかというと、結局は内面的規範が欠如しているということです。「戦後民主主義革命」の課題として、丸山さんが１９４７年に「日本における自由意識の形成と特質」[*24]で設定したのは、「単なる大衆の感覚的解放でなくして、どこまでも新しき規範意識をいかに大衆が獲得するかということにかかっている」ということで、これが要するに「超国家主義の論理と心理」から引きだされた課題だったわけです。

丸山さんは、「戦後民主主義革命」において明治維新がなしえなかった課題が果たされるということを期待したのですが、高度成長の時代が始まると同時に、もう一度挫折を再確認せざるをえなくなるのです。

「開国」「維新」「文明開化」という「第二の開国」が「上からの法律革命の下降現象」と「自由の名による官能性のアナーキー」との分裂的展開に終わってしまった（「開国」１９５９[*25]）。「第三の開国」ともいうべき「敗戦」「占領」「戦後民主主義革命」において、「新しい規範意識」の獲得、つまり「欲望の自己制御・自己規律・自己統治としての liberty」の獲得が果たしてできたのか、それも挫折してしまったということを認めざるをえなかったわけです。

なぜこの挫折が再び、三度起きたのか。このときから、丸山さんは現代的な課題を直接に語ることをやめて、古代まで遡って、明治維新の課題、そし

国家による福祉・公共サービスの縮小（小さな政府、民営化）と、大幅な規制緩和、市場原理主義の重視を特徴とする経済思想。資本移動を自由化する「グローバル・スタンダード」は新自由主義を一国のみならず世界まで広げたもの。国家による富の再分配を主張する「自由主義（liberalism）」や「社会民主主義（Democratic Socialism）」と対立する。

＊23　「明治国家の思想」『丸山眞男集』第４巻所収。

＊24　「日本における自由意識の形成と特質」『丸山眞男集』第３巻所収。

＊25　「開国」『丸山眞男集』第８巻所収。

て戦後民主主義の課題が果たされることなく挫折した原因を探ろうとし始めたのです。

「古層＝執拗低音」論

それが晩年の「古層＝執拗低音」論ということになります。

つまり、何か知らないけど古代以来引きずっている「何か（サムシング）」が、明治維新においても、そして戦後民主主義においても、一人ひとりの内面的規範が確立されるのを妨げていたのではないか。あるいは、他方で生存競争・適者生存・自然淘汰というような、「生物学的」論理にしたがって社会進化論がいまだにこの現実においても幅を利かしていることも含めて、そういう結果を導き出す何ものかが歴史のなかに埋もれているのではないかということで、歴史をずっとさかのぼっていく作業を行なうわけです。

そういう中で、「日本文化の成層性」ということをいい、そしてその層をなしている一番下の「古層」というところに、外から輸入される外来の思想や文化を日本的に変えてしまうような、たとえばlibertyを〝自由〟に変えてしまう、あるいはrightを〝権利〟に変えてしまうものがあるのではないかと

＊26　プラトン
(Plato 紀元前４２７～紀元前３４７）
古代ギリシアの哲学者。ソクラテスの弟子にして、アリストテレスの師にあたる。『ソクラテスの弁明』や『国家』などの著作で知られる。政治とは「正義」

いう話になります。

rightが〝権利〟と訳されたことも面白いところです。rightというのは、〝正しい〟〝正義〟という意味でもあります。権利というのは漢字から見ると、〝権〟は〝はかり〟ですけど、〝利〟は〝利益〟のことなので、〝利益をはかる〟ことになってしまいますが、本当は〝利〟は理科の〝理〟だったわけです。つまり〝理〟（ことわり）をはかる〟という意味だったのです。

だけどいつも間にか、誤植で利益の〝利〟になってしまって、その後定着してしまった。そうすると、〝権〟というのは〝力〟という意味もあるから、権利は〝power & interest〟ということになる。rightの意味がpower & interestになってしまうのです。

これはプラトン[*26]をかじっていたらもうわかります。プラトンによれば、正義は絶対に利益や力から生まれないのですから。ヨーロッパの政治哲学や法哲学は、一貫してその問題を問い続けてきたわけです。今のマイケル・サンデル[*27]だって、もう冒頭から「力や利益は正しさを生まない」という話から始めます。

日本では、本来〝正しい〟という意味を持っているはずのrightが権利と訳されたあげく、ヨーロッパ的文脈では決して相容れないはずのpower &

を実現することであり、善の「イデア」によって国民を導くことであるから、哲人が王となるか、あるいは王が哲人とならなければ実現されないと「哲人政治」を説き、「民主政」は「衆愚政治」に陥る可能性があるとした。

＊27　マイケル・サンデル（Michael Sandel　1953〜）
アメリカの哲学、政治哲学者、倫理学者。ハーバード大学教授。「コミュニタリアニズム（共同体主義）」の代表的論者であり、その論述の特徴は「共通善」（何がコミュニティにとって善いことかという考え方）を強調する点にある。また「共和主義者」を名乗ることもある。主著に『これからの「正義」の話をしよう』（鬼澤忍訳、早川書房、2011年）など。

interestという意味になってしまっているという、とんでもないことが起きている。libertyは自由、rightは権利と意味が正反対に変容してしまうようなことが、体系的に起こっているのはないかというのが、丸山さんの問いです。そうすると、それをもたらしている「何か（サムシング）」が、成層化された日本の文化の底にあるのではないかという仮説を立てることになるわけです。

そこから、「古層」あるいは「執拗低音」という話が出てきます。「歴史意識の『古層』」（1972）[*28]にはこういうように表現されています。

（「古層」として抽出された）諸範疇はどの時代でも歴史的思考の主旋律をなしてはいなかった。むしろ支配的な主旋律として全面的に出てきたのは――歴史的思考だけでなく、他の世界像一般についてもそうであるが――儒・仏・老荘など大陸渡来の諸観念であり、また維新以降は西欧世界からの輸入思想であった。ただ、右のような基底範疇は、こうして「つぎつぎ」と摂取された諸観念に微妙な修飾をあたえ、ときには、ほとんどわれわれの意識をこえて、旋律全体のひびきを「日本的」に変容させてしまう。そこに執拗低音としての役割があった。（「歴史意識の『古層』」1972）

＊28　「歴史意識の『古層』」『忠誠と反逆 ―転形期日本の精神史的位相』（筑摩書房、1998年）、『丸山眞男集』第10巻所収。

『つぎつぎ』と摂取された諸観念に微妙な修飾をあたえ、ときには、ほとんどわれわれの意識をこえて、旋律全体のひびきを『日本的』に変容させてしまう」、そういう何ものかがあるというのです。

そこで、歴史意識（コスモスの意識）の古層＝執拗低音として「つぎつぎなりゆく　いきほひ」、倫理意識の古層＝執拗低音として「キヨキココロアカキココロ」、政治意識の古層＝執拗低音として「つかえまつる」というものを仮説として提示します。しかし基本的には、これらは未完のまま遺された日本思想史上の学問的課題になっています。

丸山さんは「歴史意識の『古層』」という論文で、「つぎつぎ　なりゆくいきほひ」については、かなり詳しい分析を残されたのですが、「キヨキココロ　アカキココロ」については一言触れているだけで、「つかえまつる」についてはほとんど未完に終わってしまいました。私が研究した成果を公刊した拙著『丸山眞男「古層論」の射程』[*29]は、「キヨキココロ　アカキココロ」についての考察です。

冒頭にお話した今の日本人、今の日本の政治現象にも何か通じるような問題の根源に、内面的規範の確立という課題が横たわっているのではないか。

＊29 **『丸山眞男「古層論」の射程』**（関西学院大学出版会、２０１５年）

そこから始まって、なかなか日本で内面的規範が確立しない原因について、最終的には『古事記』[*30]や『日本書紀』[*31]のところにまで遡って探っていったのが、丸山さんの学問的な生涯のルートだったわけです。もちろん、丸山さんにはそれ以外にもいろんな学問的な展開のルートはあるのですが、その中でも一番わかりやすい丸山さんの思想の展開のありようを紹介させていただきました。

そういうことのなかから、いま私たちが直面している問題について、何か考える手がかりやヒントがあるのかということで、いろいろ議論できればいいのかなと思います。

質疑応答

じゅんちゃん　冨田さんの研究のなかで、倫理意識の探究で何か見えているものや、現状のお考えはどんなところでしょうか？

冨田　丸山さんが引き出した「キヨキココロ　アカキココロ」とは何なのかという問題について、私は『丸山眞男「古層論」の射程』という本を書

＊30『古事記』（こじき、ふることふみ、ふるごとぶみ）
一般に現存する日本最古の歴史書であるとされる。その序によれば、和銅５（７１２）年に太安万侶が編纂し、元明天皇に献上されたことで成立とされる。上・中・下の3巻。天地開闢（日本神話）から推古天皇の記事を記述している。

＊31『日本書紀』（にほんしょき、やまとぶみ、やまとふみ）
奈良時代に成立した日本に伝存する最古の正史。養老４（７２０）年に完成したと伝わる。神代から持統天皇の時代までを扱い、漢文・編年体で記述されている。全30巻。

きました。

古代の天皇、天武天皇とか持統天皇とかが即位をしたときに、ほとんど中国の皇帝を模した即位儀礼をやっているのに、一か所だけ日本独自の儀式をやりました。それが即位宣命で、実はこの間の今の天皇の即位式でもやっています。天皇が即位して、いの一番に大和言葉で最初の命令を発するのです。何という命令を発するかというと、「キヨキココロ　アカキココロ　ナオキココロ　タダシキココロモチテ　ツカエマツレ」と、臣下に命ずる。これはもちろん中国の皇帝はやらなかった行事なわけで、そこに出てくるのが、「キヨキココロ　アカキココロ　ナオキココロ　タダシキココロ」です。「ナオキ」「タダシキ」とは「正直」のことです。「キヨキココロ　アカキココロ」とは「清明心」で、「清明正直」ということですが、「清明」とは何なのかという話です。

和辻哲郎[*32]という哲学者は、「清明心」というのが特攻精神につながるものだと考えました。つまり、人に知られて何もやましいところのない澄みわたった心であって、どこまで澄みわたった心であるかというと、自分の命すら問題にしない、恬として命をささげるような心境が「清明心」だと。和辻は、「カミカゼ」は文字通りそういう清明心によってもたらされたものだと議論して、これは日本の古代以来から日本人にとってとても大事な道徳的な価値で、こ

＊32　和辻哲郎
（わつじてつろう　１８８９〔明治２〕～１９６０〔昭和35〕）
哲学者、倫理学者、文化史家、日本思想史家。『古寺巡礼』『風土』などの著作で知られ、その倫理学の体系は和辻倫理学と呼ばれる。

うした「清明心」が「カミカゼ」を生み出したのだと考えたのです。

しかし、丸山さんはこの「清明心」というのはこうしたものではないと考えていたのだけれど、ほとんど議論を展開しないままで終わっているので、私はそれを徹底的に敷衍して、「清明心」とは何かを考えたわけです。実は、「清明心」とは赤ちゃん、赤子のような無垢な心のことをいうのです。その無垢な心はスサノオ神話[*33]に出てきます。

面白いことに、『古事記』のスサノオ＝須佐之男と『日本書紀』のスサノオ＝素戔嗚とではまったく正反対に書かれていて、『古事記』では「清明心」の持ち主として書かれているのに対して、『日本書紀』では「清明心」の逆で「黒濁心」の持ち主と書かれている。だから、「清明心」は一体何なのかという内容は、『古事記』と『日本書紀』を比べて読むことではじめてわかってくることになります。

スサノヲの「清明心」を『日本書紀』は否定し、『古事記』は肯定している。『古事記』ではスサノオは「清明心」の持ち主だとしているのに、『日本書紀』では「清明心」の持ち主ではないとしているのです。

両書を比較して読むと、『古事記』の須佐之男は髭が胸まで伸びるような歳になっても、お母ちゃんに会いたい、お母ちゃんに会いたいと泣き叫んで

＊33　スサノオ
（歴史的仮名遣：スサノヲ）『古事記』では建速須佐之男命（たけはやすさのおのみこと）、速須佐之男命、須佐之男命、『日本書紀』では素戔男尊、素戔嗚尊等、須佐乃袁尊、『出雲国風土記』では神須佐能袁命（かむすさのおのみこと）、須佐能乎命、神仏習合では牛頭天王などと表記する。

いる。しかし、須佐之男が泣くと青山が枯れ、海や川が涸れ大災害が起こるのです。でも、須佐之男は意図して大災害を起こしているのではなくて、ただ泣いているだけです。悪しき神々が蠢き出して大変なことになるのだけれど、それも須佐之男が意図しているのではなくて、須佐之男はただお母ちゃんを慕って泣いているだけ。そういう描き方になっています。

アマテラス[*34]と「宇気比（うけい）[*35]」という賭けをして須佐之男が勝って大暴れをするという話が出てきます。それも面白いのは、須佐之男は別に悪意を持って暴れているわけじゃなくて、ただ勝った、勝ったと喜んではしゃいでいるだけ。しかし、須佐之男がはしゃぐと高天原がぶっ壊れてしまいます。だけど『古事記』にはディティールまで書きこまれていて、アマテラスはこれを「登賀米受＝とがめず」と記されているのです。なぜ咎めないのかというと、須佐之男が「キヨキアカキココロ」を持っているということを疑った、アマテラスの方が悪いという書き方になっているからです。

須佐之男はなんの悪意もなく、ただひたすら自分の欲望に忠実に、お母ちゃんに会いたいと泣き、賭けをやってお兄ちゃん（『古事記』は『日本書紀』と違って、アマテラスは須佐之男の姉ではなく兄であると読めます）に勝って大騒ぎをして、でもお兄ちゃんは咎められなかった、という書き方になっている。

＊34　**アマテラス**
日本神話に主神として登場し、高天原を統べる主宰神で、皇祖神とされる。『古事記』では天照大御神（あまてらすおおみかみ）、『日本書紀』においては天照大神（あまてらすおおかみ、あまてらすおおみかみ）と表記される。

＊35　**「宇気比」**
『古事記』や『日本書紀』に記されるアマテラスとスサノオが行った誓約(占い)のこと。

これが「キヨキアカキココロ」なのだろうと、私は議論しました。

そうすると、何となく思い浮かぶような「キヨキアカキココロ」の持ち主って、いると思いませんか？　乱暴者だけど憎めないというような。迷惑いっぱいかけまくりだけど憎み切れない。フーテンの寅さんですね。日本人はやっぱりそういう人が好きなんです。それが「キヨキアカキココロ」なのです。

つまり、「カミカゼ」の話とはまったく無関係なのです。桃太郎もそうです。子どもの頃から、おとぎ話を通じてそういうタイプのヒーローの話を聞いていて、寅さんみたいなヒーローが昭和にはずっと続いていて、あるいはビートたけしなんかも、そんなものとして受け止められたのだと思います。

もうちょっと生々しい話をすると、二・二六事件[*36]を起こした青年将校たちもそういう目で見られていました。純粋な兵隊さんたちの行動を何となくみんなが支持してきたし、１９６８年、69年の全共闘[*37]に対する市民の見方というのも、純粋な学生さんたちが頑張っているというものでした。

つまり、そういうふうにずっと、日本人が何となく純粋な心情に従って行動することを是として、逆に、計算づくで、これをやったら失敗するかもしれないとか、これをやったら人に迷惑かけかもしれないとか、これは「さかしら心」と言いますが、計算して行動することを嫌う。

＊36　**二・二六事件**
１９３６（昭和11）年２月26日から２月29日にかけて、天皇親政の下での国家改造（昭和維新）を目指した皇道派の影響を受けた陸軍青年将校らが１４８３人の下士官・兵を率いて起こした日本のクーデター未遂事件。

＊37　**全共闘**
「全学共闘会議」の略。１９６８～１９６９年の大学紛争の際、既成の学生自治会組織とは別に、無党派

　赤ちゃんは、今泣いたらお母さんが困るだろうと思って、泣くのをやめたりしないわけです。そういう赤ちゃんのように、結果を計算に入れて行動しない、純粋で無垢な心情を持った、そういう動機で行動する人たちが好まれ、計算づくで行動し、こんな結果が生じたらどうしようかと「結果責任」を考えてしまう人たちを嫌う。日本人には、そういう傾向があるのではないでしょうか。

　マックス・ウェーバー[*38]は『職業としての政治』[*39]という有名な講演の中で、政治家にとって不可欠な資質は「結果責任」を負うという責任倫理なのだと言いました。しかし、ウェーバーが考えたような理想の政治家の姿とは正反対に、日本ではいまだに本当の意味で「結果責任」を考えない、動機が純粋であれば何をやってもいいのだというのが生き続けているような気がします。そんなふうに現代の問題にも引きつけていろいろ議論ができるわけです。

じゅんちゃん　「古層」というのはそういう意味なのですね、根本と言いますか。あまりピンときていなかったのが、今日のお話を聞いて結構見えてきました。視聴者からいくつか質問があります。

　「ウルトラナショナリズム」と呼ばれる「超国家主義」というのは、どこに母体というか、日本国内のどっかから何か拝借してきているのか、もしく

学生らが各大学で結集してつくった運動組織。日本の各大学でバリケードなど武力闘争を行った。

＊38　マックス・ウェーバー（Max Weber　1864～1920）ドイツの政治学者、社会学者、経済学者。西欧近代の文明を他の文明から区別する根本的な原理は「合理性」であるとし、その発展の系譜を「現世の呪術からの解放」と捉え、それを比較宗教社会学の手法で明らかにしようとした。その記念碑的な論文『プロテスタンティズムの倫理と資本主義の精神』が有名である。

＊39　『職業としての政治』（脇圭平訳、岩波書店、1980年ほか翻訳書複数あり）

は何か海外から取って来ているのか。丸山さんがどう考えていたのか、冨田さんとしてはどう見ているのか、いかがでしょう。

冨田　「ウルトラナショナリズム」とは、今日お話ししたような日本における政治現象を表現するために、丸山さんが作った言葉だと思います。だいたいナショナリズムは「国民主義」であって、国家主義というのはおかしいですし。

だけど、そこのミソは、国家主義だけどもナショナリズムでもあるというところです。国家と国民との間には、本来は潜在的な対立関係がある。要するに、リヴァイアサンとlibertyの関係なのだから、本質的には対立関係にある。だから、憲法によって契約関係をつくる。基本的に、国家と市民、国家と国民というのは対立関係にあるからこそ、憲法という契約書によって規律しなければならない。立憲主義とはそういうものです。しかし、そういう国家と国民との間の緊張関係そのものが欠如していると、多分そこでは、ステイティズム（statism）ではなくて、やはりナショナリズムのみになる。

ステイティズムが存在しない。本来は国家の側のステイティズムと国民の側のナショナリズムというものが対立関係にあるはずなのに、「ウルトラナショナリズム」という言葉に示されているように、日本では国家と国民との間の基本的な対立関係そのものが消えて欠落してしまう。丸山さんはそういうことを込めていっているのだと思います。

これは結構大きな話で、今でも日本人の中に確実にあるわけです。政治家はすぐに「国家国民」といいますが、変な話ですよね。「国家国民」などと、国家と国民とは一言で片付けられるものではない。本質的に国家と国民は、少なくとも潜在的な対立関係にあるわけですから。

じゅんちゃん　どちらかというと、国家を利益代表みたいなイメージにしている人が多い気もしますね。そこで一体関係になっていると思います。

冨田　国家というものに対しては、国民の側が常に警戒心を持ち続ける。デモクラシーというのは本来対立関係にある国家を国民の側がコントロールしよう、自らの代表を国家の中に送り込んで、その代表が国家を運営する形で、国家を自分たちのものにしようとする営みなわけです。

libertyにしてもデモクラシーにしても、どちらも本来は、国家と国民の間の対立関係を前提としているはずだけれど、日本ではそれについての意識が希薄です。だから国家が、本来一人ひとりの内面にあるべき価値基準を独占するなんてことができてしまう。

ホッブズは絶対的な主権国家の必要性を唱えるけど、人の心の前では立ち止まるのです。人びとの内面に入ってはいけないと、内心の自由だけは認めるのだけれど、日本ではそういうこともないのです。

実際、現在の話でいうと数年前に共謀罪というものが問題になりました。何が問題なのかというと、ホッブズですら立ち入ることを認めなかった内心にズカズカと入っていくのが共謀罪[*40]だったのです。テロにしろ何にしろ、それを計画したという段階で犯罪になってしまう。ホッブズが『リヴァイアサン』でいっているのは、殺そうと思うことは絶対に罰することはできない、殺そうとして初めて罰せると。未遂罪と既遂罪はあるけど、それを共謀したとか、それを計画したとかは絶対に罰せられない。これが西洋近代国家の原則です。つまり、ホッブズの『リヴァイアサン』に由来する近代刑事法の大原則なのです。

日本ではそこも曖昧だから、平気で西洋近代のホッブズ以来の思想が踏み越えられなかった一線を踏み越えていける。「超国家主義」というのは、まさにその最も露骨な現象形態です。内面を直接掌握してしまうのですから。人間の表に現れた行動は国家によって掣肘されることがあったとしても、人間が何を考えていたとか、何を計画したとかそういうことは罰せられるべきではない。そこには絶対立ち入れないという原理原則を日本人は持ってない

＊40　共謀罪
２０１７年に組織的犯罪処罰法の改定で創設された。本邦での共謀罪創設については、処罰範囲が不明確であり、罪刑法定主義（憲法第31条）に反し、内心で「計画」したことをもって処罰することになりかねず思想良心の自由（憲法第19条）を侵害するおそれがあり、集会・結社・言論その他表現の自由（憲法第21条）への委縮効果を及ぼすので、法曹界や市民から大きな反対運動があった。

から、現代でもひょっとしたら、たやすく国家によって人びとの内面が掌握されることが起きうるのではないかと、心配します。

それから、一人ひとりの価値観が国家大に肥大化している人がたくさんいて、私にとっての真善美ではなくて、常に国家の真善美で考えている人がけっこういます。

それは非常に危険な動きです。そうしたことが表の論理として支配をしていくこともあるかもしれないけど、逆に裏の論理もそこには必ずつきまとっているわけで、自分の価値観が国家と同一化してしまっているような人たちが、国家の名において自分勝手なことを平気でやったりする。今の政治家を見ているとそんな感じがしませんか。安倍晋三元首相なんか典型的ですよね。

憲法を語り、国家を語る安倍さんが、なんで「桜を見る会」であんなちゃちな私事をやったのかと残念で仕方がないみたいなことを、ある評論家がいっていましたが、私はそうは思わない。常に憲法を語り、天下国家を語って自分の内面が国家大に肥大化してしまっている彼は、国家の名において自分の私的な欲望や利益を平気で追及できるのです。このように、「表の論理」と「裏の論理」は必ず裏腹の関係にあります。

そういう丸山さんがいったような病理は、完全な形ではなく若干希薄化されてはいるものの、現代でも引き継がれているのだろうなという気がしないでもないわけです。

じゅんちゃん　今の政治家にはそういう意識があるのか、無意識にやっているのかどちらなのでしょうか？

冨田　無意識にやっているのでしょう。帝国陸軍の軍人たちにしても、憲兵たちも、戦前戦中の警察官たちにしても、みんな無意識にやっているのです。つまり、国家の名において行動できるとき、自分が国家の名において行動しているそのことの中に、私事が紛れ込んでいるということを意識することもなく、自然にやっていたのではないでしょうか。

上官が新兵をリンチする。「そこへならえ」といって、「今から腕立て伏せをやれ」「なにやってんだ！」といって、「上官の命令は天皇陛下の命令だ。なぜそれが聞けないのか」とバシン！　と平手打ちして、「俺は天皇陛下に代わって制裁を加えているんだ！」なんてやっているのは、本当は個人のうっ憤を晴らしているだけで、すごく私的なことなのだけれど、堂々と天皇陛下の名においてやれる。それは何か意識してやっているのではなくて、きっと無意識のうちにできるような仕組みだったのでしょう。

じゅんちゃん　ホッブズが近代の欲望にどう向き合うかと考え始めたきっ

かけには、西洋政治思想のどのようなバックグラウンドがあるのでしょうか？

冨田　ホッブズが生きた時代は清教徒革命[*41]の時代でした。近代というものがまさに始まろうとしていた時代であるために、本当に荒々しく欲望が噴出していたのだと思います。そういう中で清教徒革命が起きます。国王の首が切られたのは、清教徒革命とフランス革命ぐらいです。そういう出来事に、ホッブズは王党派で国王の側に仕えていた人だから、自分が仕えていた国王の首がほんとに切り落とされるということを体験したというのは、大きかったのではないでしょうか。あるいは、そういうことが起こるような状況というのは、まさに「万人の万人に対する戦争」が始まっているのだと見えたことでしょう。

だけど、ホッブズが近代の人間であるとわかるのは、「万人の万人に対する戦争」になったときに、それが強者の勝利に終わるという結論にならなかったところです。「万人の万人に対する戦争」をやったら、強い奴が勝ち残って最後は最も強い者の支配に終わるだろう。プラトンならそうなります。プラトンは強い者が勝って強者が支配するということになり、そのときに、そこには正義はないと考えた。プラトンは正義ということを考えるから、正

＊41　清教徒革命
イギリスで清教徒が中心になって絶対王政を倒した市民革命。「ピューリタン革命」ともいう。チャールズ1世の専制政治に議会（下院）が反抗し、1642年に国王派と武力衝突して内乱となった。議会派のクロムウェルが国王派を破って王を処刑し、共和国をたてた。1658年にクロムウェルが死ぬと、1660年には王政にもどった。

義は力からは生まれない、強さからは正義は生まれないと考える。それだからこそ、どうしたら正義を実現できるのだろうかと考えていったわけです。ホッブズはなぜか、強者が勝ち残る、強い者が勝つという考えには至らないのです。つまり、永久に戦い続けることになるか、すべてが滅んで終わるかだ、という。だからリヴァイアサンが必要なのだというわけですが、その前提にあるのは、人間は本質的に平等なのだという信念です。

プラトンは、人間は金銀銅に分かれていてそもそも不平等なのだという前提から考えるけれど、ホッブズは、人間は本質的に平等だと考えます。力の強い者は知恵がないかもしれない、知恵も力もないけれど、とにかく口から出まかせで何でも言えるような人もいる。たしかに能力に多様性はあるかもしれないけれど、基本的にはみんな平等だから、そういう本質的に平等な人たちが「万人の万人に対する戦争」をやったら、それはもう無限に続いてしまうことになるというのが、ホッブズの議論です。人間は本質的に平等だと考えるところに、ホッブズの近代性がある。

そういう本質的に平等な人たちが欲望に駆られて動き出したらどんなことになるだろう。そして目の前でそういう荒々しい近代が始まって、清教徒革命が起こっていく状況のなかでホッブズは考えていた。だからああいう議論になったのです。

そう考えれば、今の中国などを見ていると、「万人の万人に対する戦争」みたいなことになっているのではないでしょうか。いろいろと問題があるし、まったく支持するわけではないけれども、中国共産党なるリヴァイアサンがあるから、なんとかかろうじてもっているのではないかと、私なんかには見えてしまいます。

じゅんちゃん　最後に、とくにあらためてここがポイントなところをお願いします。

冨田　一人ひとり人が自分の中に真善美の基準を持っていくことがとても大事なのだというのが今日の話でした。他方で、西欧ではそういうものこそがナチスの独裁やらアウシュビッツの虐殺などを生み出したのだといわれて、啓蒙的な理性が野蛮へと転化したのだということで、ずっと問題になっています。まさに同時代において、「内面的規範」の必要性を説いた丸山さんと、そういう「内面的規範」、すなわち「独話的理性」、「啓蒙的理性」といったものの危うさを指摘し、批判してきたポストモダンの思想家たちとを、どういうようにつないで考えていくかが、残された課題なのではないかと思います。

ユルゲン・ハーバーマス[*42]という思想家は、フーコーたちが批判した「独話的理性」あるいは「啓蒙的理性」というものに対して、「対話的理性」というものを対置しましたが、丸山さんは、実は死後に発見されたメモの中で、「自己内対話」ということをいっているのです。要するに、丸山さんの考える「内面的規範」というのは、「独話的な理性」ではなくて、ハーバーマスのいう「コミュニケーション的理性」や「対話的理性」と同じだとはいえないとしても、自分の中に他者を〝他在〟として設定して、「自己内対話」を繰り広げるような主体だった可能性がある。こういう「自己内対話する主体」を追求していこうと、丸山さんは、最後にはそういう境地に立っています。これらがどのような関係になるのかということが、遺された課題であると思います。

なんにせよ、まず日本人にはやはりまだ「内面的規範」の確立ということが課題として残っているのだけれど、「内面的規範」というのは西洋の現代思想家たちが批判するように決して万々歳というわけじゃない。そこにはいろいろな危険がはらまれているので、そうした危険に陥らないような主体のあり方、あるいは「内面的規範」の在り方といったものを考えていくことが、日本人にとっての今後の思想的課題なんだろうなと思っています。

じゅんちゃん　丸山さんはコミュニケーションというか、他者との対話と

＊42　ユルゲン・ハーバーマス
（Jürgen Habermas　1929〜）
ドイツの哲学者、社会哲学者、政治哲学者。。公共性論や、コミュニケーション論の第一人者である。主著に『公共性の構造転換―市民社会の一カテゴリーについての探究』、『コミュニケーション的行為の理論』など。

いう、サンデルやハーバーマスのいっている方向に行かなかったのは何かあるのでしょうか。

冨田　それはたぶん、主要な著作の中に書き残さなかったということでしかないのではないかと思います。『自己内対話』[*43]という死後に発見されたメモやノートを編集した本が出されています。

丸山さんの死後に発見された様々なメモや断片を編集したものの中に、「自己内対話」についての断章が入っている。実際、とても大事なポイントなのだろうとこれを読んだ人はみんな思ったのでしょうが、丸山さんはそれを正面から論文などによって公表することはなかったのです。まさに遺された課題なのだと思います。

そうしたことを視野に入れないで、丸山さんについて「近代主義者」だと切り捨てる人が多いのですが、丸山さんという人は、なかなか手ごわい人で、断章やメモとかいったところまで立ち入っていくと、なかなか食えない奴だということがわかります。

じゅんちゃん　丸山さんは「日本は近代化が足りない」といったから、「自虐史観だ」といわれているというイメージが最近は強いと思いますが、あらためて読んでみる価値がありそうですね。

＊43　**『自己内対話―３冊のノートから』**（みすず書房、１９９８年）

冨田　著作集が出ているので、読みやすくなりました。基本的にはほとんどを雑誌に書いていた人でしたので、かつては論文がいろいろな雑誌のなかに散在していて、論文を発見するだけでも大変でした。しかし今は著作集があるので、ぜひチャレンジして読んでみてください。

じゅんちゃん　ちなみにどの著書がお勧めでしょうか？　セレクションでしょうか？

冨田　セレクションもだんだん出てきていますけど、10巻本の『丸山眞男集』が系統的に読むのにはいいでしょう。

なかなか難儀なのは、そういう著作集に入っていないようなメモとかに大事なことが書かれたりはすることなのですが、それは専門家の領域のことでしかないので、そこまで無理に読む必要はないと思います。

第2章　丸山眞男をもう少し「開国」論から「古層＝執拗低音」論へ

冨田　前回は丸山さんの戦後直後の「超国家主義の論理と心理」という論文に焦点をあててお話をしましたが、今回はその続きということになります。どちらかというと、あまり多くの人に読まれることはなかった後期から晩年にかけての仕事について、前回の話からの継続も意識しながらお話ししたいと思います。

「丸山眞男をもう少し」ということで、今回取り上げるのは、「開国」論から「古層＝執拗低音」論へということです。「古層＝執拗低音」論というのが、丸山さんの後期から晩年にかけての研究の中心に位置し、正確にいうと１９６０年代半ばから１９７０年代以降、本格的に展開されて、最後に亡くなるまで未完のままで終わった議論です。

いわゆる60年安保[*1]といわれた時代までは、丸山さんは月刊誌や新聞という論壇で積極的に言論を展開していました。とりわけ、その領域は政治学の領域で、本人は日本政治思想史が専門ですが、より広い政治学の領域でいろんな仕事をされていた。後に丸山さんは、それらは〝夜店〟だったといっています。夜店をいっぱい開いていたと。だけど、もう夜店はたたんで〝本店〟に戻るということで、60年代の後半から70年代、80年代とずっと本店にこもって、あまり多くの人たちが読むような、それまで書いていた『世界』[*2]などのような雑誌にはほとんど書かなくなってしまいます。

だから、あまり多くの人に読まれているわけではないのですが、丸山さん自身の本業、本店として展開された部分が、前回お話したような「超国家主義」をめぐる議論の延長としてどういう意味を持っていたのかということが、今回のお話の内容になるということです。

「文化接触と文化変容の思想史」

丸山さんは「開国」で、「第三の開国」である「戦後民主主義革命」の挫

＊1　**60年安保**
日米安保条約の改定に反対して1959年から60年にかけて展開された国民運動。

＊2　**『世界』**
岩波書店が発行している総合雑誌。1946年1月創刊。

＊3　**ヘーゲル**
（ゲオルク・ヴィルヘルム・フリードリヒ・ヘーゲル　Georg Wilhelm Friedrich Hegel　1770〜1831）
ドイツの哲学者。ドイツ観念論を代表する思想家であ

折の予感を表明したのですが、このときに丸山さんの歴史観には決定的な変化が起きていて、それが後期の丸山さんの議論へと展開していくことになるわけです。明治維新と明治の思想について語っていたときの丸山さんには、明らかにヘーゲル[*3]＝マルクス[*4]的な発展段階論があります。つまり、どう呼ぶかは別にして「前近代」から「近代」、そして「超近代」へという発展史観です。「超近代」もいわゆる「ポストモダン」と考えるのか、マルクス主義的に「社会主義」と考えるのかという問題はあるにしても、この「前近代」が「近代」を挟んで「超近代」へと展開していくという発展図式を、丸山さんは確実に持っていました。

そのなかで近代あるいは「近代化」というものを特権化して、あるひとつの理念的なものとして「近代」というものを設定して、そのうえで日本における「近代の欠如」というものを憂うるわけです。なぜ日本では近代が欠如してしまっているのだろうか。前回もお話しした「内面的規範」についても、まさに近代的主体とか近代的合理性といったものこそが「内面的規範」によって構成されるわけですから、そういう意味では日本での「近代の欠如」を憂えているのです。だから、丸山さんは「近代主義者」だということになるわけですよね。

る。彼の哲学の流れを汲んだ「ヘーゲル左派」にマルクスも青年時代に属しており、彼の思想的影響を大きく受けた。

＊4　マルクス
（カール・マルクス
Karl Marx
1818〜1883年）
プロイセン王国（ドイツ）出身の哲学者、思想家、経済学者、革命家。フリードリヒ・エンゲルスの協力を得ながら、包括的な世界観および革命思想として、資本主義の高度な発展により社会主義・共産主義社会が到来する必然性を説いた。ライフワークとしていた資本主義社会の研究は『資本論』に結実し、その理論に依拠した経済学体系はマルクス経済学と呼ばれ、20世紀以降の国際政治や思想に多大な影響を与えた。

「近代」をもたらすはずだった明治維新が果たすべくして果たしえなかった課題を、「戦後民主主義革命」において果たしていこうとした。それが「大衆の規範意識の獲得」ということだった。こういう枠組みで考えていたのは間違いないことです。だから、丸山さんは「近代主義者」だった。「近代」の意味をどう取るかということは残るにしても、「近代主義者」といわれてもやむを得なかったと思います。

ですが、「開国」という論文を挟んで、その歴史観が「文化接触と文化変容」という歴史観へと変わっていきます。「文化接触と文化変容」という枠組みの中で、思想史や文化史そして日本史全体も考えていこうという方法に変わります。

ヘーゲル＝マルクス的な発展段階論を捨て去ったとまではいわないけれども、少なくとも発展段階論は後景に退いて、丸山さんの歴史観の前面にこの「文化接触と文化変容」という史観が出てきて、その立場から、明治維新あるいは幕末開国の時代を「第二の開国」、そして敗戦・占領・民主化という戦後民主主義革命と呼んでいた時代を「第三の開国」と捉えるようになります。

この「文化接触と文化変容の思想史」とはどういうものなのかについては、

＊5　本居宣長
（もとおり のりなが
１７３０［享保15］〜
１８０１［享和元］）
江戸時代の国学者、文献学者、言語学者、医師。荷田春満、賀茂真淵、平田篤胤とともに「国学の四大人（しうし）」の一人とされる。

結論だけ先取り的にお話しします。「文化接触と文化変容の思想史」という方法への歴史観の変化・転換によってどういう結論に達したかというと、実は「内面的規範」の欠如といわれていたものは、「文化接触と文化変容の思想史」の展開の中で見いだされた「古層」といわれるもの、あるいは「執拗低音」といわれるものによってもたらされたものである。すなわち、この「古層」なるものによってもたらされた文化変容の結果なんだということになります。

たとえば、「人欲もまた天理ならずや」（本居宣長[*5]『直毘霊』[*6]）という国学的思惟の伝統には、人欲の解放を「自由」として謳歌する傾向があり、丸山さんはこれを「欲望自然主義」的な「自由」といっています。

あるいは、今私たちを非常に生きづらくしている「生存競争」「適者生存」「自然淘汰」といった生物学的観念によって「自己責任」を正当化する社会進化論的な「自由」もあります。生存競争と適者生存、自然淘汰という社会進化論的な観点から、自由な競争がイノベーションを生み社会を進化させていくのだというおなじみの議論が、日本では非常に独特な展開を遂げています。そして、支配者が支配しているのは強者として競争に勝ったという事実に基づくのだという、明治以来ずっと続いている議論ともつながっていくよ

医業の傍ら『源氏物語』など日本古典を講義し、現存する日本最古の歴史書『古事記』を研究し、35年をかけて『古事記伝』44巻を執筆する。

＊6　『直毘霊』
（なおびのみたま）
本居宣長の古道論書。日本の古代こそが平和と人間性の完全な開花が実現した理想世界であり、それは神々の計らいを信じ、日神天照大神を祖神とする代々の天皇の統治に随順した古代人の生き方によってもたらされたものであるとし、この古代人の姿こそが真の神道であると説く。それに対して、儒教や仏教は人間がその限りある知恵をもってつくりだしたものにすぎず、人情に反するばかりか、人間の本性をもゆがめてしまうとして激しく排斥している。

うなものもあります。

「日本列島の絶妙な地理的位置」

「古層＝執拗低音」論には、日本列島の「絶妙な地理的位置」という前提があります。地理的な要素、地政学的な要素ということです。日本列島は、文明の中心であるユーラシア大陸の東の辺境、海で隔てられつつ海でつながった列島社会で、文明に併呑されることもなく、文明から隔絶されることもない「絶妙な地理的位置」を占めています。こうした地理的位置は、イギリスではありえなかった。イギリスは大陸にあまりにも近いので、海で大陸と隔てられてはいても、なによりも海で繋がっているので、何度も大陸の文明に併呑されてしまい、そのことによって、むしろの文明の中心になっていった。一方で、南太平洋諸島のように文明から隔絶されることにもならなかった。このような日本の「絶妙な地理的位置」というものが、日本列島の歴史に重大な影響を与えました。

この「絶妙な地理的位置」によって、日本列島に展開した社会は「開」「閉」を繰り返すことができました。閉じようと思えば閉じられたし、開こうと思えば開けた。日本の歴史というのは、「開国」と「鎖国」の繰り返しによって展開してきました。「開国」をした時代に大陸との大規模な文化接触をして、そのことによって社会全体が流動化し、社会的あるいは政治的な変動が起こりました。たとえば、下克上が展開する時代になりました。

逆に「鎖国」をすると大国との関係が切れて、「文化接触」が絶たれただけでなく、社会全体が閉じてしまう。そこでは秩序がきわめて安定して、「天下泰平」が訪れる。これを繰り返していきます。

そういう眼で日本の歴史を見ていくと、都がどこにあったかという学校で学ぶ歴史観というのはほとんど無意味で、「開」「閉」した結果として何が起こったのかを見ることによって、歴史の展開がよくわかるようになります。

開国した時代には必ず動乱が起こっています。たとえば、唐と開国すると壬申の乱が起きています。平家が宋に対して「開国」すると源平の争乱になってしまった。それから、足利義満が日本国王源道義と称して明に対して「開国」すると、応仁の乱が起こり、戦国時代となりました。そして、南蛮といわれたスペインやポルトガルと「開国」をすると、そこから伝わった鉄砲を使って織田信長が天下布武を進める。日本列島の歴史の節目には必ず「開国」があって、「開国」があると社会全体が流動化し、大きな変動・変革が起きてきたのです。

他方、大陸との関係を閉じると「天下泰平」がもたらされる。菅原道真が遣唐使を廃止する。江戸時代には鎖国をする。こういう時代は、まさに「平安」の時代で、徳川幕府の下での「天下泰平」となる。しかし260年続いた徳川幕藩体制は、ペリーが来航して「開国」すると、わずか十数年で崩壊して明治維新となる。こうした「開」「閉」のリズムが日本の歴史を特徴づけていたのです。

日本の思想・宗教・文化・制度などのほとんどすべては、古代から現代にいたるまで、そして「高尚な学芸」から「卑俗な大衆文化」にいたるまで、ユーラシア大陸に展開した高度な中枢文明との文化接触によって受容した外来のものです。

たとえば、通天閣のある大阪新世界の串カツ。あれはどう見てもフランス料理のなれの果てでしょう。あるいは、通天閣の下で奏でられているド演歌ももとを正せば西欧音楽ですよね。

大学の先生はみんな外国語の勉強をしなくてはならないです。外国から輸入したものを翻訳して論文を書くことが大学の先生の主要な役割になっていますが、中国から律令制度[*7]を受容した時代からそうなのです。律令制度のもとで、すでに大学ができ、そこでは知識人たちが中国語という外国語を駆使してさまざまなことを学んでいました。このように7‐8世紀の「開国」の時代、明治維新をもたらした「開国」の時代、今日のアメリカとの関係で「開国」した時代と、外来文化を受容するけれども、それらは必ず「古層」の影響で変容されてしまう。

日本にはオリジナルなものは何もないけれども、日本的でないものも何もない。オリジナルなものを探そうとして「らっきょの皮剥き」をしても、何も出てこない。これが丸山さんの議論なのですね。

そういうことを前提にして、外来文化を受容しつつ何か密かに変容させてしまうものが、「古層＝執拗低音」ということになりますが、こういう営みこそが「日本的なるもの」の正体なのです。だから、「日本的なるもの」を必死に探しても何も出てこない。でも、何もかも「日本的」に変容させられてしまっている。そういう関係を問題にしたのが、「文化接触と文化変容の思想史」ということになります。

＊7 律令制度（りつりょうせいど）律令に基づく古代統一国家の統治体制。中国では隋・唐で，日本では奈良時代を中心として行われた。成文法典による罪刑法定主義，巨大な官僚機構による直接統治，その手段としての文書主義，官衙と私宅との分離などを特徴とし，戸籍・計帳による個別人身把握や均田法・班田収授法による耕地配分，租庸調制による人頭税賦課など，国家的土地所有を基礎とした公民支配で，中央集権を徹底させた。

「日本文化の成層性」

丸山さんはこのようにいうわけです。日本の歴史は「開」「閉」を繰り返して、外来文化が上から積もっていっていくけども、その間に「鎖国」が入ってくるので、層になって積み重なっていく。要するに、一番上の層には竹中平蔵氏のような人たちが持ち込んできている最新の外来思想、すなわち「グローバルスタンダード」とかいっているようなものがある。その一つ下には、戦後の開国のときにアメリカから輸入した思想・文化・文明というものが層をなしている。その下には、明治維新のときにヨーロッパから受容した様々な近代的な思想・文化・制度がある。さらにその下には、スペインやポルトガルとの開国の時代に持ち込まれたものが層をなしていて、さらにその下には最澄*8や空海*9が持ち込んだ９世紀以来の仏教を中心とする層がある。さらにその下には７・８世紀に受容された律令制の層があってと。それらが層をなして積み重なってはいるが、融合はしない。なぜ融合しないのかというと、激しい文化闘争や思想闘争が展開されなかったからです。

こういう層となった文化が構成される。これを「日本文化の成層性」とい

＊８　**最澄**
（さいちょう　766〔神護景雲元〕～767〔弘仁13〕）
平安時代の僧。日本の天台宗の開祖であり、伝教大師（でんぎょうだいし）として広く知られる。

うのですが、この層の一番底のところに、何か全体を日本的なものにしてしまう「サムシング」があるというのが、丸山さんの仮説です。それが「古層」であり、「古層」にある「サムシング」が「執拗低音」の役割を果たしているという議論です。これが「古層」論の前提にある議論です。

「古層＝執拗低音」

こういうこと全部が「古層」なるものがもたらした結果で、「執拗低音」というものの響きがもたらしたものにほかならないという議論になるわけです。これについてまとまった形で書き上げられているものが、１９７２年に発表された論文「歴史意識の『古層』」であり、そこで一つの仮説として提示されているわけです。

（「古層」として抽出された）諸範疇はどの時代でも歴史的思考の主旋律をなしてはいなかった。むしろ支配的な主旋律として前面に出てきたのは――歴史的思考だけでなく、他の世界像一般についてもそうであるが――儒・仏・老荘など大陸渡来の諸観念であり、また明治以降は西洋世界からの輸入思想

＊９　空海（くうかい　７７４［宝亀５］～８３５［承和２］）
平安時代初期の僧。弘法大師（こうぼうだいし）の諡号で知られる真言宗の開祖。

であった。ただこの右のような基底範疇は、こうして「つぎつぎ」と摂取された諸観念に微妙な修飾をあたえ、ときには、ほとんどわれわれの意識をこえて、旋律全体のひびきを「日本的」に変容させてしまう。そこに執拗低音としての役割があった。（「歴史意識の『古層』」１９７２）

つまり、「日本的なるもの」というのは、こういう「執拗低音」の響きによって変容された結果もたらされる。外来のものが変容してしまうことによってもたらされる。主旋律はあくまでも外来の文化や思想です。西欧近代的なるものも、もちろん外来のものであって、現在の日本の法制度や政治制度にしてもほぼすべてが外来のものです。しかし、外来のものだけど微妙に日本的としかいえないものになっている。その「日本的なるもの」とは何かというと、その変容のされ方なのです。外来文化をある方向を変容させる。その変容のベクトルのことを「日本的なるもの」ということができるのではないかという仮説です。

ここにおける日本的なベクトル、日本的な磁場みたいなものを与えるのが、「古層」＝「執拗低音」というものなのだという仮説の検証を、丸山さんは晩年に本店の仕事としてやっていくということになるのです。

丸山さんが聴き取った執拗低音というものは何なのかというと、まとまった形で論文化されて発表されたのは、「歴史意識」あるいは「コスモスの意識」における「つぎつぎ　なりゆく　いきほひ」というもので、これらは本当に断片的なフレーズにすぎません。それから「倫理意識」においては「キヨキココロ・アカキココロ」。「政治意識」は一番未完の状態で、結局は「古層＝執拗低音」を絞り込むことには成功しないままに終わってしまいますが、おそらくは「つかえまつる」という言葉になります。

こうしたものが「古層」を構成していて、これらが外来文化に微妙な変容を与える「執拗低音」の役割を果たしていく。丸山さんはこういう議論を展開したわけです。「歴史意識」についてはまとまったものを書いたけど、「倫理意識」については、英語で書かれた未発表の論文があって、それがようやく最近になって翻訳され、『丸山眞男集　別集』に収められました（「日本における倫理意識の執拗低音」1976）[*10]。政治意識についてはこれも英語の短い論文と講演録が残っているだけです。最近、丸山さんが語ったものが新たに発見され、『別集』に収録されましたが、ほぼ未完のまま遺されています。

＊10　日本における倫理意識の執拗低音」
『丸山眞男著作集』別集第3巻に翻訳所収（底本は、丸山文庫所蔵の英文原稿「Some Aspects of Moral Consciousness in Japan」）

「古層」とは稲作農耕共同体ではない

さて、問題は丸山さんが抽出した「古層＝執拗低音」とは何なのかということです。これは私の主要な研究テーマでして、つまり「古層」の正体は何なのかという研究です。丸山さんのお弟子さんたちも含めて、丸山さんの書いたものを読み解くのはなかなか難しくて、丸山さんに直接教えを受けた人たちも相当誤解をしてしまっています。

丸山さんのいう「古層」とは要するに、稲作農耕とをその稲作農耕に由来する共同体のことだろうと、たいていの人はそういいます。それは要するに柳田國男[*11]の民俗学と同じだということですよね。日本人というのは単一民族だと考えて、そして、そこにおける「日本的なるもの」というのは水田稲作農耕であって、〝瑞穂の国〟日本ということになる。瑞穂の国というのが日本のイメージであって、これに天皇が直結して、瑞穂の国のシンボルとしての「稲の神」天皇というイメージです。それが柳田たちによる民俗学が作った日本的なるものに対する基本的認識です。それでは、柳田民俗学と丸山さんのいっていることは同じではないかと、丸山さんのお弟子さんたちの多くもそう言います。

＊11　柳田國男（やなぎたくにお　1875［明治8］～1962［昭和37］）日本の民俗学者、官僚。「日本人とは何か」という問いの答えを求め、日本列島各地や当時の日本領の外地を調査旅行した。日本民俗学の開拓者であり、多数の著作が今日まで重版され続けている。

しかし、絶対に違う。そんなものではないというのが、私の主張です。丸山さんが柳田と同じようなことをいっているはずはない、それはまったく違うものなのだという主張です。

逆にいうと丸山さんは、それほど珍しいことをいっているわけではない。たとえば、丸山さんがいっている「歴史意識の古層」や「キヨキココロ　アカキココロ」という「倫理意識の古層」をめぐる議論というものを、丸山さんと対極の存在、つまり丸山さんといえば「近代主義者」で、その対極に位置するポストモダンの旗手ともいえる柄谷行人[*12]さんも、実はほとんど同じようなことをいっているのです。柄谷さんはどういう言い方をしているのかというと、「世界宗教あるいは文明によって去勢され、家畜化されていない」という表現になります。

もう一つ、丸山さんと言えば、一国史的な日本論や日本思想史を打ち立てた人だと批判され、丸山さんの対極には、複線的な日本史像を描く歴史学を確立した人物として網野義彦[*13]さんがいて、丸山さんと網野さんは非常に鋭く対立していたのだといわれがちです。しかし、それはさっきいった水田稲作農耕とその共同体、そして稲の神として、瑞穂の国を象徴する天皇という立場に、丸山さんも立っているという勝手な思い込みに基づくものでしかあり

＊12　**柄谷行人**
（からたに　こうじん　1941〔昭和15〕～）
日本の哲学者、文学者、文芸批評家。

＊13　**網野義彦**
（あみの　よしひこ　1928〔昭和3〕～〔平成16〕）
歴史学者。専攻は中世日本史。名古屋大学文学部助教授、神奈川大学短期大学部教授を経て、神奈川大学経済学部特任教授。文献史学を基礎として，中世の職人・芸能民および海民などの非農業民を主な研究の対象とし，日本中世史研究に多大な影響を与えた。

ません。

網野さんは、天皇というのはむしろ非農業民にこそ支えられてきたのだという学説を唱えたことで、柳田のような水田稲作農耕とその共同体という単一民族説的な日本像を学問的に打ち壊した存在として、高く評価されてきたわけです。

網野さんはそのことをシンボリックに「飛礫」（つぶて）という言葉で表現していますが、実は、網野さんのいう「飛礫」と丸山さんのいう「古層」は同じものを指しているのだと、私はこれまで議論してきました。ということで、丸山さんだけが特別なことをいっているのではなくて、丸山さんと対極にいると考えられてきた網野さんや柄谷さんも同じことをいっている。それが「古層＝執拗低音」論なのだということになります。関心ある方は、拙著『丸山眞男　「古層論」の射程』という分厚い本がありますので、ぜひ一読してくだされればと思います。

「執拗低音」の聴き分け方

丸山さんはどうやって「古層＝執拗低音」を聴き分け、抽出したかといいますと、消去法という方法を使いました。『古事記』や『日本書紀』などの古代の文献から、外来的なものを剥ぎ取って、「らっきょの皮むき」をします。これは外来だ、これも外来だと。そうすると、基本的に何も残らなくなります。こうして「らっきょの皮むき」をして、その結果かすかに残ったものが「古層」であると考えました。日本思想のなかから中国思想やインド思想由来のものを消去し、そこに残るもの、「サムシング」を抽出するわけです。

そうすると、「つぎつぎ　なりゆく　いきほひ」、「キヨキココロ　アカキココロ」、「ツカエマツル」という断片的なフレーズしか残らない。これらは外来のものではないので、これらが「古層」を構成する何ものかであると、そういう方法をとりました。

これはなかなか大変なので、ほかに良い方法はないだろうかということになります。ここから私による「もう一つの方法」の話になります。それは、『古事記』と『日本書紀』との異同を明らかにすることができれば、両者の違いの狭間に、「古層」がかすかに垣間見られるのではないかという考え方です。私はこうして丸山さんとは違う方法で「古層」を見出そうと考えています。その方が、丸山さんのいう「古層」が水田稲作農耕とその共同体＝瑞穂の国という幻想にとらわれているという誤解を招かずにすむのではないかと思ったわけです。

『古事記』と『日本書紀』を別々に読むというのは、丸山さんの「古層」論にインスパイアされた神野志隆光[*14]さんや水林彪[*15]さんといった方たちが、80年代以降に展開してきた議論です。『古事記』と『日本書紀』を別々のテキストとして読み、それらの相違にこそ着目しようという議論で、こうした丸山さんの「歴史意識の『古層』」にインスパイアされた議論を手掛かりにして、もう一度丸山さんが求めたものを探ってみようという方法です。

その結果何が注目に値するのかというと、たくさん違うところがあるなかでも、非常に重要な違いとして、『古事記』と『日本書紀』の創世神話や、「キヨキココロ・アカキココ」を解き明かすのに重要なスサノオ神話の違いに着目してみるという作業を行ったのです。

『古事記』と『日本書紀』の違い

『日本書紀』の全文を読まなくても冒頭の数行を読めば、『古事記』との違いは一目瞭然です。

＊14　**神野志隆光**
（こうのしたかみつ　1946［昭和21］〜）
日本文学者、東京大学名誉教授、明治大学特任教授。

＊15　**水林彪**
（みずばやしたけし　1947〜）
東京都立大学名誉教授、早稲田大学名誉教授、専門は日本法制史。

古天地未剖。陰陽不分。渾沌如鶏子。溟涬而含牙。及其清陽者薄靡而為天。重濁者淹滞而為地。精妙之合摶易。重濁之凝場難。故天先成而地後定。

と書いていますが、これは『淮南子』[*16]をはじめとする中国の古典からのパクリです。まるまるパクっているのです。中国の権威ある古典から丸ごともってきて、格調高い古典的名文を冒頭に置いたわけです。だけど、この冒頭にある世界がどう生まれたのかという神話は、まさに世界観を表現しているのです。世界がどう始まったのかという物語は世界観そのもののわけです。『日本書紀』は『淮南子』などの中国古典から丸ごとパクって、世界が「陰」と「陽」に上下にパカッと割れて世界が始まったという世界観を描いています。これは完全に中国の古典に基づいた、中国の陰陽二元論による文明的世界観を採用したことを意味しているのです。

『日本書紀』はそもそもその表記法からして、『古事記』と大きく異なります。『日本書紀』はほぼ完ぺきな漢文で書かれている。ほぼ完璧な漢文で「やまとことば」を表記するという表記法を採っている。したがって『日本書紀』は、中国の人が読んでもちゃんと意味が通じます。だから唐の朝廷や、究極的には唐の皇帝が読んでもちゃんと意味がわかる。というか唐の皇帝に読ま

＊16　**『淮南子』**
前漢の武帝の頃、淮南王劉安（紀元前１７９〜紀元前１２２）が学者を集めて編纂させた思想書。日本へはかなり古い時代から入ったため、漢音の「わいなんし」ではなく、呉音で「えなんじ」と読むのが一般的である。

せたかった、読んでほしかった、そういう性格を持った文書だったのだと思います。そういう文書ですから、唐の皇帝に読まれても恥ずかしくないように、中華文明の陰陽二元説という最先端の合理的世界観を持ってきて、その世界観に基づいて書かれたのです。このことについて『日本書紀』の本文には「陰陽のコスモロジー」が貫かれているのだと、東京大学で国文学を教えてきた神野志隆光さんが指摘しています。

これに対し、『古事記』は何を書いているのかというと、『古事記』の最初の数行は、『日本書紀』とはまったく違うのです。『日本書紀』の冒頭には『淮南子』などからもってきた数行が置かれていますが、『古事記』にはそれがなく、その代わりに『日本書紀』にはない数行が置かれています。まさにこの数行がポイントとなります。

そもそも『古事記』は『日本書紀』と違って、中国語の文法に従わず、一部は漢字の音だけを利用した変体漢文で表記されています。だから、全部漢字で書かれてはいるのだけれど、中国の人が読んでも意味がわからない。あくまでも「やまとことば」の話し手が全部漢字で書かれた文章を「やまとことば」で読むことを想定しているわけです。しかし、『古事記』の変体漢文はちょっとやそっとのことでは読むことができません。冒頭にある「天地初発之時」の６文字をどう読むかということからすでに論争的な大問題です。本居宣長は「あめつちはじめのとき」と「発」の字を読むことを回避しました。よくわからなかったからでしょう。現在の通説となっているのは、「あめつちはじめてひらけしとき」という読み方です。

なぜ「ひらけしとき」と読むのかというと、『日本書紀』にひきずられているからです。日本書紀では天と地がぱっと開いたと書いていている。そして「天地開闢」とも書いているので、ああそうかと『日本書紀』を参考にして読むわけです。しかし、これには無理があります。『日本書紀』から離れて、『古事記』だけに即して、『古事記』のほかのところでどう読まれているのかという視点で見ると、ここは「あめつちはじめておこりしとき」と読むべきなのです。これは丸山さんの主張です。これは通説にはなっていないですが、「あめつちはじめておこりしとき」と読むべきなのです。

「ムスヒのコスモロジー」

そうすると、その「おこりしとき」とは何かということになります。「おこる」とは勃発とか噴出とか発射とか、そういう「おこる」ですから、充溢したエネルギーがボンと噴出するというイメージです。中国文明の世界観のように「陰」と「陽」がパカっと割れて、世界が開いたのではなく、充溢したエネルギーがボンと噴出されるというイメージでもってこの世界が始まる。つまり両者は全然別の世界観で書かれているわけです。このことを「産巣日＝ムスヒ」のコスモロジーと神野志隆光さんは名づけました。

このエネルギーは「やまとことば」では「ひ」と言います。これは世界的に言えば、「マナ mana」ということになります。そういう生命エネルギーが満ち満ちてそれがドーンと噴出されるという形で世界が成り、神々が成っていく。その表現が「葦牙のごとく成りたる神」です。葦牙とは何もない水面に突然バッと生えてくる高エネルギーの象徴としての葦ですね。水辺に生い茂る葦、その生命力というものをイメージしているわけです。

そういう神々が、たとえばタカミムスヒ、カミムスヒとか、そういう神名で表現されている。それは、『日本書紀』とはまったく違うコスモロジーとしての「ムスヒのコスモロジー」であると神野志さんは指摘しています。そしてこれは、もともと丸山さんの「歴史意識の『古層』」にインスパイアされて、『古事記』と『日本書紀』を別々に読んでみるという試みによって得られた結論なのです。

では、「ムスヒのコスモロジー」とは何かという話になります。『日本書紀』では明らかに中国文明の古典を持ってくることによって、『古事記』の冒頭に置かれていた数行が削除されています。一体何に置き換えているのか、中国の文明的な世界観を使って、何を排除し、何に置き換えたのかということが問題です。そこで置き換えられているものは、まさにこの「ムスヒ」または「ヒ」（「日」「霊」「毘」）という観念です。

丸山さんのいう、「つぎつぎ　なりゆく　いきほひ」の「ひ」です。「いきほひ」というのは実は「ひ」なのです。「タマシヒ」の「ひ」であり、「ムスヒ」の「ひ」であり、「いきほひ」の「ひ」です。この「ひ」という観念がポイントになるのです。

創世神話におけるこの異同の意義を考えると、『古事記』に残されており、『日本書紀』では排除された、この「ムスヒのコスモロジー」こそが、「古層」を構成する重要な部分ではないかということになっていきます。

なぜ『日本書紀』は「陰陽のコスモロジー」という中国の文明的な世界観を採用したかというと、遣隋使を送ったときに痛い目に遭っていたからです。小野妹子[*17]の前にアメタノリシヒコ[*18]が遣隋使を送っていたのですが、隋の記録には、アメノタリシヒコは天を兄とし、日を弟としており、日が昇るまでに

＊17　**小野妹子**（おののいもこ　生没年不詳）飛鳥時代の官人。『日本書紀』によれば、推古天皇の時代に冠位大礼で大使に選ばれ大唐（当時の隋）に派遣された。日本の通説では『隋書』が記録する「日出処天子」の文言で知られる国書を携えた使者は小野妹子とされる。

＊18　**アメタリシヒコ**　『隋書』に登場する倭王。

政務を行って、日が出ると弟に譲って政務を止めると使者が述べたということが書かれているのです。それを隋の皇帝が聞いて、なんて野蛮な奴らだとバカにされた。これは隋の正史である『隋書』[*19]に記載されています。日本側の記録には残っていませんが、これはものすごく衝撃的な事件だったと思います。遣隋使を送ったら、なんと野蛮な奴らだと言われてしまった。だから、それを挽回するためにも、『日本書紀』を編纂して、唐の皇帝に読んでもらい、決して野蛮じゃないということを示す必要があった。だから『日本書紀』は「陰陽のコスモロジー」を採用して、『古事記』の採っていた「ムスヒのコスモロジー」を排除しようとしたということになります。

では、「ムスヒのコスモロジー」とは何かというと、これも実は決して日本的なものではないのです。それは、人類普遍の「未開の野性」、あるいはレヴィ＝ストロース[*20]のいう「野生の思考」なのです。「未開の野性」という言い方をしたのは網野善彦さんです。逆にいうと、「未開の野性」や「野生の思考」というべきものが日本には残っている。では、その正体は何かというとそれは「マナイズム manaism」です。これは後で説明します。

「未開の野性」あるいは「野生の思考」が残っているということは、柄行人さんの言い方に即せば、「去勢されていない」「家畜化されていない」と

＊19　『隋書』
中国史の中における隋代を扱った歴史書。

＊20　レヴィ＝ストロース
（クロード・レヴィ＝ストロース
Claude Lévi-Strauss
１９０８～２００９）
フランスの社会人類学者、民族学者。コレージュ・ド・フランスの社会人類学講座を１９８４年まで担当し、アメリカ先住民の神話研究を中心に研究を行った。専門分野である人類学、神話学における評価もさることながら、「構造主義」の祖とされ、彼の影響を受けた人類学以外の一連の研究者たち、ジャック・ラカン、

いうことになります。文明によって去勢されないまま、「野性」が残ってしまっている。あるいは「野生の思考」が現代まで残ってしまっている。文明によって本来は破壊され去勢され家畜化されて、野性は消失されなければならない。これが文明化ということですが、それをやったのが世界宗教であり、仏教や儒教、キリスト教、イスラム教であるというのが、柄谷さんの議論です。

去勢されずに「野性」が残っている、野生のままの未開性が残っているということで、その「未開の野性」とは何かというと、それは決して「日本的なもの」でも何でもなくて、かつて全人類が普遍的に持っていたが、様々な世界宗教によって去勢されて失ってしまったものを、なぜか日本人は持ち続けているのだという話なのです。

成層化して外から入ってきたものをどんどん積み上げていくその底の一番深いところに、実はほとんどすべての人びとが文明化によって失ってしまった、人類普遍の未開性というものが温存されている。そういう意味で、「日本的なもの」というのが「日本的なもの」によって生み出されたのではなくて、「日本的なもの」は人類普遍の「未開の野性」によってもたらされるというパラドクシカルな結論になるわけです。

ミシェル・フーコー、ロラン・バルト、ルイ・アルチュセールらとともに、１９６０年代から80年代にかけて、現代思想としての構造主義を担った中心人物。

「マナイズム」と「アニミズム」

「アニミズム animism」というのは、あらゆるものが「アニマ anima」という、生命を司るスピリチュアルなものを持っているという思想、あるいは宗教意識の原初的な形態です。日本ではそれを「たま」と呼びます。それは「和魂（にぎたま）」「荒魂（あらたま）」「奇魂（くしたま）」「幸魂（さきたま）」「国魂（くにたま）」「鎮魂（たましずめ）」というように表現されます。『古事記』や『日本書紀』にもたくさん出てきます。アニミズム的なものが『古事記』や『日本書紀』に出てくるのは当然で、その中でアニマにあたるものは、「やまとことば」では「たま」という言葉で表現されました。

でも、「たま」というのは「たましひ」の「たま」です。「たましひ」のうち、「たま」が実体なのか、「ひ」が実体なのかという問題があって、丸山さんも最初は「たま」が実体だと考えていましたが、「古層」の研究していくなかで、「たま」が実体なのではなくて「ひ」が実体だと考えるように変わります。「たましひ」とは「たま」になった「ひ」という意味でしかないわけですから、「たま」が実体ではなくて「ひ」の方が実体だという議論をするようになります。

これは、日本古代史の人たちの多くは、「たま」というものを日本における「霊的存在 spiritual being」を指し示す言葉だと理解してきましたから、それを全部ひっくり返すような議論になります。「たま」ではなくて「ひ」の方が実体ではないかというのが、この「マナイズム」の問題だということになります。

「マナイズム」というのは、「アニマティズム animatism」とも呼ばれていて、ポリネシアやメラネシアといったところで、人類学者が発見した概念で、「アニミズム」よりもさらに根源的な、より原初的な、そして普遍的な宗教形態ということになります。ポリネシアやメラネシア諸島の「マナ mana」という観念に表わされるような、「アニマ anima」をアニメイトする「非人間的な力」ないしは「生命力」への信仰に基づく宗教意識の形態です。「やまとことば」では、まさに「ひ」がそれにあたります。

その「ひ」というのは、「たま」という「アニマ」をアニメイトする「超人間的なエネルギー」ないしは「霊力」を指し示す古代の「やまとことば」で、「たましひ」「むすひ」「なおび」「まがつひ」「いきほひ」という「ひ」です。こういう「アニミズム」よりもさらに古い〝「ひ」のコスモロジー〟があって、それが人類普遍の最も未開なところにあるのです。

これが去勢されずに残っているということが、現代にいたっても「日本的なるもの」が生み出されつづけている原因なのではないのかというのが、丸山さんが立てた仮説なのです。

「古層＝執拗低音」の正体は「ムスヒのコスモロジー」なのであり、それは「マナイズム」ないしは「アニマティズム」にほかならないのだというのが冨田説です。必ずしも丸山さんのお弟子さん筋が同意してくれるとは限らないのですが、私は丸山さんの「古層＝執拗低音」論からこうしたことを読み取る作業をしているのです。

質疑応答

じゅんちゃん　いくつか私から質問があります。

単純な疑問ですが、「執拗低音」という言葉自体が非常に見慣れないのですが、この言葉に込められている意味は何でしょう。

冨田　これは丸山さんが使ったことで、けっこう頻繁に使われるようになった言葉で、もう一つ「通奏低音」という言い方もあります。〝バッソ・オスティナート（basso ostinato）〟という音楽用語です。社会科学にしても人文科学にしても、他の学問の用語を比喩としてよく使います。たとえば〝メカニズム〟というのも機械にたとえていっているわけで、〝組織〟という言葉を使う場合は生物学の比喩を使っているわけで、〝構造〟というと言語学や建築学の比喩を使っているのです。このように社会現象をどうゆう比喩を使って表現するかが一つのミソなのです。

丸山さんが「古層」といっているのは地質学の比喩ですね。だから「古層」を語るときには、「隆起」とか、「表面に現れる」とか、「褶曲する」とか、まさに地層をイメージした地質学的なイメージで語られるわけです。ただ、「古層」という言葉に丸山さんはどうもしっくりこなかったのでしょう。つまり、自分がイメージしているものを何らかの比喩で表現しなければならない。これは哲学にしても思想にしても常にそうです。

柄谷さんも「去勢」といっているのは農学や獣医学の概念を比喩として使っているわけですね。本当に去勢されるわけではないのですが、野生の動物を去勢することで家畜化するように、野生を持った人類を去勢することによって〝家畜化〟する。要するに欲望を自己で抑制するというのは家畜化であって、欲望に突き動かされていく「未開の野性」を去勢によって飼いならしていくことだから、こういうイメージを去勢という言葉で表現しているわけです。

丸山さんの場合は、「古層」という言葉を使った。もともとは「原型＝プロトタイプ」という言葉だったのだけれど、これではしっくりこない。さらに「原型」といったら、ユングを研究している人たちから、さあ丸山はユング派になったといわれてしまう。ユングの概念は、あくまでも「元型＝アーキタイプ」であって、これとは違う意味で「原型＝プロトタイプ」という言葉を使ったのだけど、武田清子[*21]さんたちから、丸山はついにユング派になったといわれたので、誤解されたくなくて、「原型」という言葉をやめて「古層」という言葉を使った。

でも、「古層」も地質学だから固い地質のイメージがしますよね。やっぱり丸山さんはピンとこなかった。「古層」という言葉を使いながら「古層または執拗低音」あるいは「古層において執拗低音の役割を果たす何ものか」というように、そこに音楽的な比喩を重ねました。

「執拗低音」というのは「通奏低音」とも訳されますが、バッソ・オスティナートということで、低音部だけど、旋律とは無関係に奏でられる低音部です。旋律に対して、ソプラノやアルト、テノール、バスというように、和声を形成するのは普通の低音部です。だけどバッソ・オスティナートという

＊21　**武田清子**（たけだ きよこ　1917［大正6］～2018［平成30］）思想史学者、国際基督教大学名誉教授。

のは、主旋律とは無関係に展開する低音部なのです。バッハなどが良く使ったとされる手法です。

「執拗低音」は主旋律がどのように展開しようとも、それにはかかわらず響いています。けれども不思議なことに、主旋律と「執拗低音」を合わせて聞くと、主旋律の響きが変わります。そういう手法としてバッハは多用したそうです。私は音楽には詳しくないのですけれど、そして音楽に詳しい人にはそれは違うという人もいますが。丸山さんも相当音楽に詳しかったと思いますから、そういう喩えとして使っているのです。

しかし現在、この言葉は独り歩きして、いろんな人がバッソ・オスティナートとか「通奏低音」とか言うようになってしまいました。それはそれで手垢がついてしまった。そういう言葉です。

じゅんちゃん　今のお話を伺うとよくわかりました。私なんかは「古層」というだけでわかりやすかったのですが、「執拗低音」というと何だろうなと思ってしまいました。

冨田　これは哲学にしたって、社会科学や人文科学にしたって、結局、社会現象や人間が織りなす現象を表現する際には、どうしたって比喩が必要だからなのですね。結局すべてが比喩で成り立っているのです。その一つなのですね。ある意味、「古層＝執拗低音」と並べられたことによって、こういう言葉を使って私たちは社会現象や歴史現象を概念化することができるのだということを、私は学びました。

じゅんちゃん　丸山さんは何を明らかにしたかったのでしょうという複数の質問があります。

冨田　ヘーゲルは世界の在り方、現実の在り方は認識され切った時に、その世界が解体されて次の発展段階に進んでいく、そういう段階に至っていることを、「ミネルバのフクロウ」[*22]にたとえて語っていますよね。丸山さんもヘーゲルの強い影響があるから、こうやって「日本的なるもの」の正体を私たちが認識しえたそのときに、「日本的なるもの」の終わりが始まると、そういう営みとしてやろうとしていたのだと思います。「日本的なるもの」と決別しなければならない、というように丸山さんは考えていたと思います。その「日本的なるもの」の正体が明らかになることによってはじめて、「日本的なるもの」が終わりを迎える歴史的段階に入るのだと、そういう意味があったのではないかなと思います。

もう一つ丸山さんは、構造主義の「構造」と同じように、「古層」や「執拗低音」が私たちを無意識のうちに拘束しているという。外来文化が日本に

＊22　ミネルバのフクロウ　ローマ神話の女神ミネルバが従えているフクロウであり、知恵の象徴とされる。ヘーゲルが『法の哲学』（1821年）の序文で「ミネルバのふくろうは迫り来る黄昏に飛び立つ」と述べたことでよく知られている。

入ると、私たちが意識するか否かに関わらず、ほとんど無意識のうちに、私たちを拘束するものが「古層」だとすれば、それを意識化することによって、初めて無意識の拘束から解放されうるという意味をこめたのかもしれません。そこから具体的にどういう処方箋を描き出そうとしているのかということについては、丸山さんは必ずしも明確には語りません。私は私なりに処方箋はいくつかあるのかなと思っていますが、これについては、また次回にお話しできたらと思います。

まさに「古層」の正体というものが明らかにされたときに、私たちが無意識に拘束されている「古層」から解放されて、「古層」から自由になることができるということです。

じゅんちゃん　最近の哲学によくある結論の妥当性や普遍性を求めるよりも、前提のスタートというところの普遍性を求めている感じなのでしょうか。前提を問うていて、結論は各々の判断に委ねているということでしょうか。

冨田　「開国」論文でも、「開国」のたびに同じような現象がもたらされるということで、「第二の開国」も「第三の開国」も残念な結末になってしまっている。このことが解かれれば、この次にどうしたら良いかということも、それぞれの自由な選択の問題になるという言い方をしています。このことを知ったうえでそれぞれがどうするかは、それぞれに委ねられている。まずは、なぜそうなっているかを知ること、なぜ「日本的なるもの」が生まれてしまっているのか、「日本的な変容」の要因を知ること、これを知りえたときに「日本的な変容」から私たちははじめて自由になれる。自由になるということは、逆にそれを利用することもできるし、少なくとも無意識な拘束から免れて、拘束されないように気をつけることもできる。逆に利用することで前向きに活かすこともできる。そういう話です。

たとえば、同じことを中沢新一[*23]さんもいっているのだと思っています。中沢さんは網野善彦さんの甥っ子で、網野論を書いています[*24]。網野さんも「飛礫」をシンボルにしながら、日本人のなかには「未開の野性」が根強く存在している。しかし一方で、それがどんどん文明化されていっている。そういう視点で日本史の再構築をやるわけです。『無縁・公界・楽[*25]』という著作がまさにそういう試みで、「無縁」というのは「未開の野性」が展開する世界であったわけです。だけど文明によってどんどん封じ込められ、去勢されて、最後は江戸時代の縁切寺としてしか残らなくなり、他方で「無縁」が「公界」、さらには「苦界」となり、「未開の野性」が文明によって狭い領域に押し込められていってしまうことが論じられています。

＊23　中沢新一
（なかざわ しんいち　1950［昭和30］〜）宗教史学者、元中央大学総合政策学部教授、明治大学特任教授、野生の科学研究所所長。

＊24　中沢新一『僕の叔父さん　網野善彦』（集英社、2004年）

＊25　網野善彦『無縁・公界・楽　―日本中世の自由と平和』（増補版、平凡社、1996年）

この網野さんの歴史観に沿いながら、中沢さんの言葉でいえば、「未開の野性」の側に「大地に向かって超越する」という道が残されているのではないか、中沢さんはこういうわけです。日本人の持っている「未開の野性」に賭けて、下に突き抜ける。そういう日本思想の発展方向がありうるのではないかと、エコロジーの問題にも引きつけながら語るわけです。まさに文明というものが問われているときに、文明というものに対するアンチテーゼとして、「大地に向けて超越する」という思想の展開可能性を説いているわけですが、そういう可能性も丸山さんのなかに見いだせないわけではないのです。

私は拙著『丸山眞男　「古層論」の射程』の冒頭に「古層と飛礫」という論文を書きましたが、「大地に向けて超越する」という中沢さんの文章を読んだときに、私が気づくことのできなかった丸山さんの可能性がそこにあるのではないかと思いました。

もう一つ、丸山さんに最も近いお弟子さんと言いますか、師弟関係というよりも共同関係だったと思いますが、藤田省三[*26]さんという思想家がいました。最後は丸山さんと藤田さんは袂を分かったのだともっぱらいわれます。最後は喧嘩別れしたといわれます。その藤田さんがたとえば戦後経験というものについて語りながら、「タブラ・ラサ[*27]」、つまり白紙に戻って一から再構築

＊26　**藤田省三**（ふじたしょうぞう　１９２７［昭和２］～２００３［平成15］）政治学者（日本政治思想史）、法政大学法学部名誉教授。丸山眞男の弟子で、丸山学派の代表とされる。天皇制国家の構造分析は戦後思想史において画期的意味をもちつづける。鶴見俊輔らとともに行った『共同研究　転向』で中心的役割を果す。みすず書房から『藤田省三著作集』が刊行されている。

＊27　**タブラ・ラサ**（Tabula rasa）ラテン語で「何も刻まれていない石板」「白紙」の意。経験主義の立場をとるジョン・ロックによって提起された。

するという可能性を語ります。

「タブラ・ラサ」に帰って新たに構築していくという構想は、中沢さんのいう「大地に向けて超越する」というのとよく似ています。丸山さんはあまりそういうことは言わなかったけれども、そのお弟子さんというか共同研究者であった藤田さんは、「タブラ・ラサ」に帰ること、そしてその「タブラ・ラサ」からもう一度築き直す可能性について語っている。まさに日本人には「未開の野性」が残っているから「タブラ・ラサ」に戻ることができる、そういう可能性なのかもしれない。

丸山さんをどうしても「近代主義者」という見方に押し込めたい人たちがいますが、前にも言ったように丸山さんはなかなか食えない人です。柄谷さんは人間の経済活動というの「贈与互酬」それから「再分配」、そして「市場における交換」という3つに類型化されるというカール・ポランニー[*28]の説を取りながら、もはや「再分配」も「市場における交換」もダメならば、「贈与互酬」に戻るしかないのではないかということをいうわけですね。そして新しい「贈与互酬」の在り方を展望していこうという議論を『世界史の構造』[*29]でしていますよね。

それも「未開の野性」なのです。世界宗教というのは国家の「再分配」と

＊28　カール・ポランニー（Karl Polanyi　1886～1964）オーストリアのウィーン出身の経済学者。経済人類学の理論を構築した。経済史の研究を基礎として、経済人類学の理論を構築した。主著に『大転換—市場社会の形成と崩壊』（新訳版、野口建彦・栖原学訳、2009年）。

＊29　『世界史の構造』（岩波書店、2015年）

結びつくわけですが、文明化された国家による「再分配」でもなく、そして、それを克服して現れてきた「市場における交換」もダメだとしたら、「贈与互酬」に戻るしかないのではと。そこに新たな可能性を見出すしかないのではという柄谷さんの議論も、まさに「未開の野性」を残している日本人が、「大地に向けて超越する」とか、「タブラ・ラサ」に戻るとか、そういうことと共通する議論の可能性をひょっとしたら持っているのかもしれない。

そういうふうに考えると、丸山さんは決して近代主義者などではなくて、むしろ丸山さんと対置されてポストモダンの思想的旗手だといわれてきた人たちと実は同じようなことをいっているということになる。そういう意味で、なかなか食えない人だよねという感じになりますよね。

じゅんちゃん　この人はこうだってなかなか言いにくいですね。丸山さんはこうだっていうのが言い難くなるなと思いました。

冨田　丸山さんを見直していく上でも、丸山さんがいっていた「古層」というものが、多くのお弟子さんや丸山さんを批判する人たちがいっているように、柳田民俗学的な水田稲作農耕の共同体のことなのだとかといってしまったら、何も見えてこないという話になります。

そういった柳田民俗学的なものと丸山さんの「古層」論というのは無縁な

のだということをちゃんと見ていかないといけない。そして「古層」の正体というのは、「未開の野性」なのだということを明確にして初めてその先の可能性が見えてくるのではないでしょうか。

丸山さんを一方では柳田民俗学的な単一民族説、水田稲作農耕説といったものに矮小化してはいけないし、「近代主義者」というふうに矮小化してもいけないということが大事なのです。こうした矮小化をしないということからこそ、いろいろな可能性が開かれてくるのではないでしょうか。

丸山さんのいっていることは正しいとか、そういうことをいっているのではなくて、一人の思想家の思想的な営為のなかから、どれだけ自分たちにとっての可能性を汲み取っていけるのか、自分たちの思考にとってはそれが大事なのだと思います。

じゅんちゃん　ちなみに丸山さんは分析対象として言語になぜ注目していたのでしょうか。柳田さんとは違うのかなと思いますが。

冨田　一つは「文化接触と文化変容の思想史」という方法にかかわってくることです。外来の文化や文明を受容します。たとえば古代律令制を唐から受容することで、日本でも古代律令制国家を創っていくわけです。それはほとんど換骨奪胎されながら、最後は江戸時代まで続くわけです。そして明治初期には、西洋近代の様々な文明や思想を受容して輸入することによって、近代日本国家が建設されていきます。基本的にはその過程も含めて、自分たちが接触した高度な文明からいろいろなものを、思想にしても、宗教にしても、制度にしても、法体系にしても輸入し、受容して、それらを変容させながら「日本的なるもの」を作っていってしまう。その変容のあり方こそが日本的にならざるを得ない。その変容のあり方を決めているのが「古層＝執拗低音」であるということになります。

そのときに、外来文化は必ず言葉を通して受容されます。そもそも日本語というのはすごくややこしい言葉で、「やまとことば」を漢字を使って表記する書き言葉です。漢字を使うというその瞬間から外来文明の受容のそのものですよね。漢字を使って、その漢字を崩したところから生まれたひらがなやカタカナを使い、さらに欧米の言葉、西洋近代の言葉を輸入してそれを翻訳する。日本語は一から十まですべて翻訳言語なのです。

たとえば、「政治」という言葉は、「やまとことば」では「まつりごと」になります。それを西洋の言葉である「politics」を輸入するときに、まずは一回、中国語から受容された「政事」ないしは「政治」に置き換えられて翻訳され、そのうえで「やまとことば」の「まつりごと」とも二重に翻訳される。ところが、その翻訳が本当に正しいのかという問題がある。
「文化接触と文化変容」という枠組みに立った瞬間に一番注目すべきことは、言葉の意味のズレとか、言葉の翻訳不可能性という問題なのだということです。

たとえば今の〝政治〟の話を続けると、「politics」というのはポリスに関する事柄という意味だから、これはアテネのポリスをイメージしているわけで、人びとが横につながって水平的に展開する関係です。これに対し中国の「政事」というのは、皇帝から民に向かってなされる営みだから、上から下へ垂直的な営みです。ところが「まつりごと」は、もともとが「つかえまつりごと」なので、下から上へと仕えまつることにほかなりません。そうすると、「politics」「政事」「まつりごと」は、人間関係のベクトルからすると、水平ベクトルと、上から下へのベクトルと、下から上へのベクトルからすると、絶対に同じことを指してはいない。けれども私たちは、これらをイコールで結びつけている。まったく無意識のうちにそうしている。そんなことをいちいち意識していないのです。

だから、こうして無意識にイコールで結んだときに意味がズレてしまう。それが何をもたらすのかということこそが、「文化接触と文化変容の思想史」

ということを考えたときに、一番の注目点になるわけです。前にもお話ししたように、「liberty」と「自由」というのは意味が正反対になってしまう。〝right〟というのは元々〝正しい〟という意味だけど、日本語に訳されたときに、〝権理〟つまり「理をはかる」という意味で right の意味とそれほど離れてはいなかったのに、いつのまにか〝権利〟と利益の「利」に置き換えられてしまった。こうして正しいという意味の〝right〟が「力と利益」という〝権利〟にすり替わった。

しかし、私たちはこうしたことを意識することができない。言葉というのは「構造」ですから、言葉によって無意識に拘束されてしまうからです。本来の言葉としてはまったく正反対でも、誰も気づくことができない。まさに「構造」というものの恐ろしさです。こういう問題を「文化接触と文化変容の思想史」という方法を持ち込むことで意識化することができる。そういう意味で構造主義的な議論になっていくわけです。

じゅんちゃん　丸山さんは独立した思想家というイメージがありますが、こういう議論は誰にインスパイアされたのでしょうか？

冨田　おそらく一番大きな影響を与えているのは、ヘーゲルやマルクスで[*30]あり、マックス・ウェーバーでしょう。もう一人はカール・マンハイムです。

＊30　カール・マンハイム
（Karl Mannheim　1893〜1947）
ハンガリーのユダヤ人社会学者で知識社会学の提唱者。どんな思想もその立場や時間に拘束されているという思想の「存在被拘束性」を指摘し、知識社会学を構想した。思想の存在被拘束性を乗り越え真理に近づくためには、全体的視野から相関や歴史を見ようと立場を自由に浮動する知識人（「自由に浮動するインテリゲンチャ」）になるべきだとした。主著に『イデオロギーとユートピア』。

そういう意味では、ウェーバーからマンハイムそしてたぶんジョルジ・ルカーチ[*31]やフランクフルト学派[*32]につながっていくような思想的な展開に、思想的あるいは学問的な出発点のところで洗礼を受けているわけですから、戦後ヨーロッパでフランクフルト学派として展開していく流れとは強い親近性を持っていたのではないでしょうか。

じゅんちゃん　レヴィ＝ストロースという感じではないのですね。

冨田　そこには行ってないでしょう。

じゅんちゃん　丸山さんが西洋哲学とそういうように繋がるというのは私からするとピンと来なかったところもあったのですが、最初の方に話してくださったところらへん、やっぱりこの着想につながっていると感じるのですよね。

冨田　フーコーと対談しているから、まったく知らないわけではないでしょう。レヴィ＝ストロースも当然読んでいるでしょう。

「文化接触と文化変容の思想史」へと歴史観を発展させて、「古層＝執拗低音」論を展開する過程で、人類学に相当注目しています。だから当然、レヴィ＝ストロースも含めた構造主義的な人類学にも触れていたと思います。

だから、柳田民俗学に拝跪しないと、決して膝を屈することはないとはっ

＊31　ジョルジ・ルカーチ（セゲディ＝ルカーチ・ジェルジュ・ベルナート Lukács György 1885〜1971）ハンガリーの哲学者、文芸批評家、美学者、政治家。クン・ベーラ政権やナジ・イムレ政権では教育文化大臣を歴任した。「西欧的マルクス主義」の代表者に位置づけられる。主著に『歴史と階級意識』。

＊32　フランクフルト学派　1920年代以来ドイツのマルクス主義的学術研究の拠点であったフランクフルト社会研究所の研究者・思想家の総称。ルカーチ、アントニオ・グラムシの理論をベースにマルクス主義を進化させ、これにヘーゲルの弁証法とフロイトの精神

きりいっています。自分がやろうとしているのは、柳田民俗学の焼き直しではなくて、むしろ人類学者たちがやっているような議論なのだと。こういうことを死後発見されたノートのなかに書いていますので、かなり勉強しようとしたのでしょうね。

じゅんちゃん　柳田国男と読み比べると面白そうですね。

冨田　そう思いますね。拙著『丸山眞男　「古層論」の射程』では、その3分の2は「キヨキココロ　アカキココロ」について書いていますが、そこでは丸山さんと和辻哲郎がどこで対立しているかという視点で考察していますす。和辻哲郎に始まり、そして柳田国男が戦後発展させていくような「日本的なるもの」についての議論、そこから単一民族神話が展開しているということに、丸山さんも強い批判意識を持っていたように思います。

にもかかわらず、和辻や柳田と十把一絡げにして単一民族神話の担い手として丸山さんを描いていくというのは、悪いけど丸山さんをあまりにも読めていないのではないかと思いますね。

じゅんちゃん　和辻や柳田は「日本的なるもの」が好きなんだろうなと思いますが、丸山さんはそれらを批判的に見ていたということですね。

冨田　それも私の読み方なので、丸山さんのお弟子さんたちも含めて多く

分析理論の融合を試み、批判理論によって啓蒙主義を批判する社会理論や哲学を研究した。「道具的理性」という概念を提唱し、社会の近代化によって人間が自然を支配し、搾取することを批判した。

の人は、丸山さんの「古層」というのは、柳田的なものだと思っているところもあるので、つらいところではありますね。

じゅんちゃん　世の中的には、丸山さんは柳田と似ている人だと思われているのでしょうか?

冨田　そうなっているのではないでしょうか。単一民族神話を創ったと張本人として、要するにポストコロニアル[*33]の立場から丸山さんを標的にするとか、勝手な丸山像を描いて叩いているところがあります。そういう読み方をして「丸山なんて」と捨て去るのは、あまりにももったいないと思います。

柳田にしたって『山の精神史』、『漂泊の精神史』、『海の精神史』という大作によって柳田国男の可能性についての再評価に取り組んでいる赤坂憲雄さんの著作を読めば、彼もかなり食えない人だということがわかりますよ。だから、私たちが勝手に思い込んでいる、たとえば「常民」を語る柳田の民俗学と、『遠野物語』や『石神問答』などの時点の柳田とはまったく異質なのだという読み方も本当は必要なのです。赤坂憲雄[*34]さんはそういうことを通じて、あらためて柳田を発生の視点から読み解くことによって、むしろ「いくつもの日本」という展望を柳田自身の打ち捨てられた可能性のなかから救い出していこうとする議論を展開しています。

＊33　ポストコロニアル
ポスト（後の、という時間的概念）、コロニアル（植民地的、という空間的ならびに精神的概念）という造語法によりできた言葉で、植民地主義以降の、あるいは脱植民地状態（コロニアルな状況の後に／終焉後の）という意味。

＊34　赤坂憲雄
（あかさか のりお　1953年〜）
民俗学者､学習院大学教授､福島県立博物館館長。東北学を提唱したことで有名。

要するに、ステレオタイプ化してある思想家はこういう人だとやっつけてしまうようなやり方は、ものすごく不毛なものなのです。思想の展開には、いろいろな可能性がはらまれているのであり、その可能性まで含めて読んでいくことが大事なのだと思います。

丸山さんのなかにも、水田稲作農耕を重視しているように読める部分がたしかにあります。ここは誤解されるよなと思うところが。それを丸山さん自身が徐々に修正しているのです。その修正の過程というのは、毎年毎年の講義の語り口がどう変わっていくか、論文のなかでどういうふうに変わっているか、緻密に変化を読み解いていかないとわからないところがあります。

ある一人の思想家を扱うというのは、そういう作業をちゃんとしなければいけない。そういう意味で、赤坂さんの柳田論はそこまで読むのかと本当に頭が下がります。

第3章　丸山眞男をあと少し

「古層」を突き抜け「もうひとつの主体」へ

じゅんちゃん　本題に入る前に、最近ホットな維新の問題についてもぜひコメントいただければと思います。

最近、「結果がすべてだ」という政治家が無責任な人ばかりになっているという現象が面白いのですが、とくに「維新の会」の人にはそういう人が多いので、冨田さんはこういう人たちを最近どう見ていらっしゃいますか。

政治の「結果責任」とは

冨田　まさに「結果責任」という問題を本気で考えてほしいですね。

日本維新の会の代表と副代表が府市の長を務める大阪では、現在（２０２１年5月5日）、日々１０００人くらいの新規感染者が出ていて、今の変異株でいうと死亡率が２％ぐらいなので、１０００人出ているということは20人ずつこれから亡くなっていくという、かなり深刻な状況ですよね。医療は崩壊していて救える命も救えないということになっていると思うのですが、まさに結果責任というのは人の命にかかわる問題で問われます。

「結果責任」の問題は、マックス・ウェーバーの有名な講演「職業としての政治」が本になっていて古典中の古典になっています。「政治というのは悪魔と手を結ぶ行為なのだ」、だから「結果責任」が必要なのだという言い方をしています。なぜかというと、政治というのは人の命に直接かかわる営みだからです。わかりやすいのは戦争ですし、今のような公衆衛生もそうですが、政治が失敗すれば人の命が失われるわけです。人の命がかかっている、人の命を失敗によって失わせるかもしれないという、その結果にどう責任を負うのかというのが「結果責任」です。

だから、普段から「結果責任」とかいっている人たちが人の命がかかっている本当に「結果責任」を負わなければならないときに、その責任を負わないとはどういうことなのかという話ですね。責任を負う、負わないということとはどういうことかというと、そういう深刻な結果をもたらさないように、本当に慎重に状況判断をして、その上でしっかりと決断して、もしその自分の決断が誤っていたら潔く責任をとって去るしかない。去りたくないのであれば、本当に人の命を守り抜きたいのであれば、絶対に失敗しないという判断力と決断力が必要なのだというのがウェーバーの主張です。

彼は『職業としての政治』のなかで、政治家に絶対不可欠な資質というのは、一つは情熱だ。情熱のない者は去れと。それから、自分に対しても距離を取れるような極めて冷静かつ冷徹な判断力、あるいは識見。そして、それを支える責任倫理、「結果責任」を貫くという責任倫理なのだという言い方をしています。

結果を出せないなら責任を負えということではなく、悪い結果をもたらさないように冷静かつ冷徹な判断と決断が必要なのであって、それができない者は政治の世界からさっさと去れといっているわけです。

今の維新の会が首長をやっている大阪は、命はもうないかもしれないと思うくらい、コロナに感染したら、本当に命を取られてしまうような感じですが、日本全体もそうですね。菅義偉総理（当時）も、短期集中で緊急事態宣言をやるといっておいて、舌の根も乾かぬうちに延長するといっていますが、だったら最初から1か月半か2か月かけて、ちゃんとした科学的エビデンスに基づいて、冷静に判断すべきなのですね。彼のやり方はまったく「結果責任」を欠いているとしか言いようがない。

こういう無責任な体制はいったい何なのだろうと考えざるをえない。第二次世界大戦の「超国家主義」の時代の総括として、「無責任の体系」と呼んで厳しく批判した丸山さんの「超国家主義論」というのは、実はウェーバーの「責任倫理」をめぐる議論に根差していたわけです。

あるいは丸山さんにとってウェーバーの『職業としての政治』における議論というのは、非常に重要な位置を占めていたのだと思います。

丸山さんはよくヘーゲリアンとか、マルキスト（マルクス主義者）ではないにしてもマルキシアン（マルクス研究者）だとかいわれるけれども、何よりもウェーバリアンだったと思います。ウェーバリアンである丸山さんが政治を見る際の一番の視点は責任倫理だったと思うのです。

だから、「超国家主義」は「無責任の体系」だと厳しく批判した。その「無責任の体系」を生み出したのは何かというと、それは一人ひとりの「内面的規範」、真善美の基準が欠如していることに由来するというものでした。

戦後70年以上経っても日本政治が変わってないのかもしれないと、その本質のところでそういうことをしみじみと今この時点で感じます。身近にある危機を感じていますし。大阪の状況は本当にもうなんか悲劇ですよね。

じゅんちゃん　たしかにそうですよね。あれでも維新に人気があるというのは、ある意味だからそういう時代なのかなとは思いますけど。丸山さんは人命軽視について当時はすごくいっていたのでしょうか。

人間の尊厳を大事にする立場

冨田　丸山さんは基本的には人間の尊厳や個人の尊厳を大事にする立場だったと思います。

彼は被爆者でもあります。広島で被爆しています。丸山さんにとって第二次世界大戦、十五年戦争、超国家主義の時代と彼が直面していたもので一番に問われているのは、命の問題でしょう。要するに、「超国家主義の論理と心理」で彼が解き明かしたかったものは、「カミカゼ」と「南京」がなぜ一つの論理のもとで起きたのかということです。なんで若者たちが自らの命をかけて体当たりの特攻をすることができる体制だったのかということと、そういう恐るべき秩序が一方に存在していたはずなのに、なぜあれほどまでに

＊１　新渡戸稲造
（にとべ いなぞう　１８６２［文久２］〜１９３３年［昭和８］）
教育者、思想家。東京女子大学初代学長。東京女子経済専門学校（東京文化短期大学・現：新渡戸文化短期大学）初代校長。農業経済学・農学の研究も行っていた。国際連盟事務次長も務め、著書『武士道』は、流麗な英文で書かれ、長年読み続けられている。

無秩序に、南京で2か月間、誰がどこで何をしていたのかを掌握できないような虐殺が行われたのかということ、これらのどちらをも一つの論理で解き明かそうとしたことが「超国家主義の真理と論理」の出発点でした。こういう人間の命にかかわる問題がやはり思想の原点にあるのでしょう。

武士道の行動規範

じゅんちゃん　丸山さんは新渡戸稲造[*1]の『武士道』[*2]のように、武士の内面的規範を評価していたのでしょうか？

冨田　新渡戸の武士道をどこまで評価するかということもありますが、丸山さんは武士の精神、侍の精神を評価しています。どう評価しているかというと、日本の侍は武人ですよね。要するに軍人、武官ですよね。だけど江戸幕府は、この侍たちに腰に刀を差さしたまま、文官として民政にあたらせるのです。刀を差しているけど刀を抜くことはせず、ひたすら筆と墨で文書行政を担わされます。士大夫[*3]の役割を果たさせることになるのですが、中国の士大夫は武官ではない文書行政をする文官です。本来は武人、武官である侍に、士大夫の役割を果たさせるという、すごくトリッキーなことを江戸幕府

＊２　**『武士道』**
新渡戸稲造は現地の教育関係者との会話において日本における宗教的教育の欠落に突き当たった結果、１９００年にアメリカ合衆国でBushido: The Soul of Japanを刊行。セオドア・ルーズベルトはじめ多くの海外の読者を得て、１９０８（明治41）年に『武士道』として桜井彦一郎が日本語訳を出版。さらに、１９３８（昭和13）年に新渡戸門下生の矢内原忠雄の訳により岩波文庫版が出版された。

＊３　**士大夫**
中国の北宋以降で、科挙官僚・地主・文人の三者を兼ね備えた者である。

はやったのです。

しかも「士」という字が重なります。武士の「士」と士大夫の「士」が重なります。武士たちに士大夫と同じように儒教を学ばせます。そうすると、侍、武人（もののふ）としての武士道と中国的な文書行政をやる民政官である士大夫としての士道がイコールで結ばれてしまう。こんなウルトラC的な体制を作った。それゆえ、侍の内面に独特な緊張感と自立性を生まざるを得なかった。緊張した精神、矛盾したものを一つの内面の中に持つということは自立的な要素を生まざるを得ないという話になります。

たとえばどういうことが起こるかというと、非常に非劇的というか喜劇的なことになります。侍というのは死んでなんぼです。主君のために死んでこそ価値がある。だけど士大夫というのは、決してそういう行動をとらない。

侍の忠義の在り方は、主君のために死ぬという形でしか表現できない。しかし士大夫の精神というのは、「君臣は義を以て合する者なり」といい、「君、君たらざれば、すなわち去る」とされるものです。つまり、自分が仕えている君主がいわゆる君子、有徳者でなければ、そのもとを去ることもまた士道だという考えです。武士道と士道の矛盾のなかで、侍はどうすればいいのか。「君、君たらざる」時にも、侍は忠義を尽くさなければならないから、君主をいさめるために自ら腹をかっ切って死んでみせるという行動を取ることになる。「陰腹」と言います。

そういう場面が時代劇にも出てきます。「お諫めしたいことがあります」と、君主を諫めていいたいことをいってから、バサッとたおれる。近寄ってみるとすでに腹を切っていた。腹を切ったまま主君の前に出てきていた。そういうシーンが時代劇に描かれますが、そういう強烈な行為というのは武士の論理からだけでは生まれないし、士大夫の論理からだけでも生まれないのです。武士であり士大夫でもあるから、そういう２つの道の矛盾によって日本の武士の行動規範が生まれるのです。腹を切って主君をいさめるという、非常に高潔であり喜劇的でも悲劇的でもあるような行動を生み出す、そういう緊張感が武士にはあったのです。武士がこういう緊張した内面を持ち続けたことを、丸山さんは評価しています。これが「自己内対話」の話とつながっていきます。

丸山さんは日本の伝統のなかにマイナスなところばかりを見ていたわけではありません。活かすべき伝統も観ていて、それをそのまま引き継ぐのではなく、武士のなかに現れた「主体的緊張」というものを精神構造の問題として引き継ぎながら、「自己内対話」という主体の在り方を考えていくことになります。

「古層」を克服するための思想的課題

丸山さんは「古層＝執拗低音」による日本的変容からいかにして自由になれるのかと考えざるをえなかったのですが、このことを最初に表現したのが有名な『日本の思想』[*4]の「あとがき」[*5]の最後のところにあります。

私自身としてはこうして現在からして日本の思想的過去の構造化を試みたことで、はじめて従来より「身軽」になり、これまでいわば背中にズルズルとひきずっていた「伝統」を前に引き据えて、将来に向っての可能性を「自由」に探って行ける地点に立ったように思われた。（『日本の思想』「あとがき」）

このように無意識的なものの自覚化によってこれを克服できるというのは、ヘーゲル的な発想ですね。ミネルバのフクロウが迫り来る黄昏に飛び立つように、それが認識されたときは克服する条件が整ってきたのだという意味です。丸山さんもそういうふうに考えたのでしょう。

＊４　**『日本の思想』**　岩波新書として１９６１年に岩波書店から刊行された。『丸山眞男集』第10巻所収。

＊５　『日本の思想』あとがき」は『丸山眞男著作集』第９巻に所収。

『日本の思想』では、まだ丸山さんは「古層＝執拗低音」論にまでは至っていないのですが、『日本の思想』以後、「古層」の問題に取り組んでいきました。一般論として丸山さんはこういう道を探っていたのだと思いますが、とても抽象的ですよね。「古層」を自覚できればそれを克服できるといっても、でもどうやって克服できるのかという問題が残りますね。ここから進んで丸山さんはどんなことを考えたのか。それが問題です。

一つは「絶妙な地理位置」という条件というのは、もう解消したということがあると思います。「古層＝執拗低音」が働く条件というのは、あくまでも大陸との間が海で繋がり、海で隔てられているという絶妙な地理的位置が「開」「閉」を可能にしたということだったのですが、もはや、こうした条件は解消されています。これだけグローバル化が進んでいるのですから、とっくに解消しているはずです。それでもなぜ残るのかという問題があります。地理的条件を長年維持してきたことによって残っている日本人の意識の上での壁みたいなものがあるのかもしれません。

そういうなかで、これは丸山さんがいっているわけではないですが、私の考える処方箋としては、以下のことが考えられます。少子高齢化＝人口減少という状況のなかで、今から何十年かの間に、日本人の人口は今の

１億２０００万人から８０００万人ぐらいまで減るわけですから、そうすると３０００万人ぐらいの移民を受け入れても大丈夫です。国連人口計画からもそういうことを勧告されているわけです。むしろ移民をどんどん受け入れて、対等・平等な社会の構成員として迎え入れることができれば、丸山さんが「古層」の条件と考えていた地理的な要因というものは完全に解消されるでしょう。こうしたことが一つの可能性として考えられます。

しかし今この時に至ってなお、出入国管理法をいっそう強化しようとしており、また、難民の受け入れさえもせずに徹底的に排除しようとしている。私たちも本当に移民をどんどん受け入れて良いのかと迷うところは、移民排斥の嵐がものすごい勢いで吹き荒れて日本社会を覆いかねないという怖れですね。日本ではほとんど移民を受け入れていないのに、すでに非常に排外的になっています。本格的に大量に移民が入ってきたら、凄まじいことが起きるかもしれません。ファシズムの再来になりかねません。ナチスのような勢力が表れて、移民を皆殺しにしろと叫びながら独裁政権の成立につながっていくようなことが起こってもおかしくありません。

日本はこれから大きな試練を迎えることになると思います。このまま放置していれば少子高齢化＝人口減少で経済活動の維持もままならない。生産年齢人口１人あたり２人の高齢者を養っていく状態になっていきます。もし経済活動の維持をはかろうとするなら、移民を入れるしかない。でも移民を入れたら凄まじい排斥運動の嵐が吹き荒れるだろうし、そういうなかで危機的な状況が生まれるだろう。このように考えると、日本社会はこれから本当に大きな試練に直面することになるのだろうと思います。

けれども、それを乗り越えることができたら、その先に日本のこれまでの歴史を完全に克服する新しい日本社会が生まれる可能性もあります。それは多民族的でかつ多様性を持った対等で平等な他者を相互に尊重し合うような社会でしょう。しかし、それを実現するには凄まじい危機を乗り越えなければならないのかもしれない。

でも、丸山さんの展望というのは、ある意味そういうところにも掛かっているのです。

日本ではこれまで激しい文化闘争が起きてこなかったのですが、「文明の衝突」というがごとき激しい文化闘争が繰り広げられれば、ある意味絶望的な混沌のなかで､新しい「日本的なるもの」が形成されてくる可能性もある。イギリスはそういうことが起きたから、近代資本主義の発祥の地になりえたわけです。ケルト的なもの、ゲルマン的なもの、それからヘブライ的なもの、あるいはギリシャ＝ローマ的なものが激しくぶつかり合い、そのるつぼのなかから近代資本主義文明が生まれてきたのです。その過程では魔女狩りのような凄まじい皆殺し的な悲劇も起こりました。そういう試練を経て初めて新文明が展開していったのです。日本もそういう試練を経なければならないということなのかもしれません。

「開かれている精神」と「他者感覚」

その場合、絶対に必要な条件があると丸山さんは考えていたようです。それは何かというと、「開かれている精神」を実現するということです。この「開かれている精神」というものこそが、ヨーロッパにおける「独話的理性」とは異なる別の主体の形成を展望するものなのではないかと思います。

丸山さんは「開けた精神」は「開かれている精神」とは違うといっています。「開けた精神」を排して「開かれている精神」を身につけていかなければならないというわけです。「開けた精神」というのは、「外界（西洋・米国）に向けて目をキョロキョロさせるだけの、のぞき見的な好奇心、新しもの好きの精神」、「自己は閉ざされたままで、異質なものとの対決によって自己を改変する可能性をもたない」ような精神のことで、日本の啓蒙の精神はこういうものにほかならなかったというわけです。

補足をすれば、たとえば竹中平蔵氏のような精神がその典型なのだと思います。新しいもの好きでグローバルスタンダードとかいって、海外から目新しいものを持ち込んでくるけど、それによって自分が変革されるわけではない。自己は閉ざされたままで、異質なものと対決しない。そういう日本の啓蒙のあり方は、まさに「文化接触」のあり方です。こういうことを根底から変えていくことで、「古層＝執拗低音」から自由になれるのではないかというのが、丸山さんの展望だったのだと思います。

そのために必要なことは、他者を〝他在〟として理解する「他者感覚」だと丸山さんは考えていました。日本人に一番足りないのは、「他者感覚」なのだと丸山さんはよく言いました。みんな同じという感覚を大事にする。お互いわかり合える仲間だよねというような。もっというと、以心伝心、言葉は要らないというような感覚。そういうものでまとまっていこうとする。だから、そこに少しでも異質な者が入ってくると、その異質者を排除していく。いじめはまさにその典型だし、ちょっとでも違ったらそれを見つけて排除しようとし、同質性を維持しようとする。このことが日本社会をひどく生きづらいものにしています。このあり方を根底的に変えていくことが必要です。

当然、先に述べたように、これから移民をどんどん受けいれていこうと考えたら、文字通り排斥が凄まじい勢いで起きかねない。現時点でも在日の人たちへの排斥が繰り広げられているのですから、とんでもないことになる可能性があります。でもそういうなかで、日本人が「他者感覚」を身に着けていくこと、他者を自分たちとは違う存在として認めて、そしてその違いを前提としてコミュニケーションをとっていけるような感覚をなんとかして身に着けていくことが必要なのです。要するに、お互いにわかり合えないからこそ、話し合わなければいけないし、お互いわかり合えないし、言葉すら通じないならなんとか衝突を避けるためにもお互いに学ばなければならない。まさに「他者」といかにコミュニケーションをとるのか。こういうあり方を追及することが何よりも必要だということなのです。

「自己の外部に向かって開かれているとともに自己の内部にも開かれている精神」ということが、丸山さんの死後に発見されたノートに繰り返し書かれています。

たぶん、丸山さんにとっては、ただ「古層＝執拗低音」の存在を自覚しただけではすまず、日本社会にとってはとてつもない試練かもしれないけど、そういうことを経ながら、「他者感覚」を身に着けていくことができるかどうか、そのことによって、日本人の精神が「開かれていく」のかどうか、そのところに賭けていたのではないかと思うのです。

「もうひとつの主体」の可能性

この「開かれている精神」と先に述べた「内面的規範」とはどうつながってくるかということになります。「もうひとつの主体」の可能性として、これも丸山さんの死後に発見されたノートのなかに展開されている断章があって、その断章こそが丸山さんによる「もうひとつの主体」への構想なのではないかということです。それらは『自己内対話 ―３冊のノートから』に収録されています。

丸山さんの構想は、フーコーによって「主体＝臣下＝権力」と批判された、あるいはエーリッヒ・フロム[*6]がいうように「自由からの逃走」を招いてしまった、そしてアドルノがアウシュビッツをもたらし、野蛮へと転化してしまったと告発した、西欧近代的な「超越者（あるいは超越的な神）」によって支えられた「独話的理性」とは違う別の主体の可能性として考えていたもので

＊6　エーリッヒ・フロム（Erich Seligmann Fromm　１９００～１９８０）ドイツの社会心理学、精神分析、哲学の研究者。マルクス主義とジークムント・フロイトの精神分析を社会的性格論で結び付けた。『自由からの逃走』（１９４１年）で、個人の自由がいかにして権威主義とナチズムを生み出したのか心理学的に考察。権威主義を人間の自由からの「逃走のメカニズム」として分析し、現代において真のデモクラシーを保つための提言がなされている。

はないかと思います。

どんなことを言っているかというと、断章なので論理的に展開されているわけではないのですが、たとえばこのように記されています。

国際交流よりも国内交流を、国内交流よりも人格内交流を！　自己自身のなかで対話を持たぬ者がどうしてコミュニケーションによる進歩を信じられるのか。

俺はコーヒーがすきだという主張と俺は紅茶がすきだという主張の間にはコーヒーと紅茶の優劣についてのディスカッションの成立する余地はない。論争がしばしば無意味で不毛なのは、論争者がただもっともらしいレトリックで自己の嗜好を相互にぶつけ合っているからである。自己内対話は、自分のきらいなものを自己の精神のなかに位置づけ、あたかもそれがすきであるかのような自分を想定し、その立場に立って自然的自我と対話することである。他在において認識するとはそういうことだ。（『自己内対話 ―3冊のノートから』1998）

このような断章です。わずかこれだけの断章ですが、ここに丸山さんが展開しきらずに終わった最後のカギがあるのだと、私は考えています。

つまり、こういう形で「自己内対話」をする主体というのは、超越的な神に支えられなくても自律できる主体になるのではないか。こういう「自己内対話」を行えるような、他者を他在として理解しつつ、自分の中に他者を設定してその他者と常に対話しながら、自らの内面において自らの求める真善美を不断に作り上げていく。そういう主体が神なしに作れるのではないか。

西欧的な主体には超越的な神がいるわけです。超越的な神に支えられてこそ初めて近代的主体が誕生する。これはフーコーが解き明かしたことです。西欧的な「主体＝権力」をもたらしたのは5世紀以来ずっと続いてきたキリスト教カトリック教会における告解の歴史だったというわけです。自己を監視して、その監視した自己から見出した罪を神父の前で告解して許しを請う。そういった歴史を、それこそ千数百年たどってきた結果なのです。

あるいは、西欧中世史研究の第一人者である阿部謹也[*7]さんによると、11世紀以来、告解というものがどれほどヨーロッパの人たちを変えてしまったのか、ヨーロッパとは告解を通じて自己監視する社会だったのだといっています。〝社会〟というのはそういうことを通じてでしか形成されない。だから、そもそも日本には〝社会〟なんて存在しないのだというのが阿部さんの最後

＊7 阿部謹也
（あべ きんや 1935〜2006）歴史学者。一橋大学名誉教授。専門はドイツ中世史。一橋大学学長、国立大学協会会長を歴任。

の結論でした。

こういう神の眼差しを前提にして自己を監視する。そういうフーコーが描いたような装置がなくても、「自己内対話」という形で主体が形成される可能性にこそ、丸山さんは最後に賭けていたのではないでしょうか。

「公的領域」「対話的理性」「ラディカル・デモクラシー」

そういう眼で見ると、ここでも丸山さんは特別なことをいっているわけではなくて、実はハンナ・アーレント[*8]がいっていたことに通じるのではないか。アーレントは『人間の条件』[*9]のなかで、人間の活動力を「労働」「仕事」「活動」と類型化し、そのなかで最も人間的なものが「活動」であり、それは複数性をもった人間が言論によって異質な他者とコミュニケーションすることを通じて、人間の網の目のなかで何かを始める活動力だとしました。そして「活動」により人間は共同体に不朽の痕跡を残すことができると。アーレントの基本的な問題意識は、人間の「不死性（immortal）」、つまり「死すべきもの」としての人間の運命からいかに逃れうるのかということにあり、「不死性」というものが「活動」によって実現するという議論です。「活動」が展開する

＊8　**ハンナ・アーレント**
（Hannah Arendt　１９０６〜１９７５）

ドイツ出身の哲学者、思想家。ユダヤ人であり、ナチズムが台頭したドイツからアメリカ合衆国に亡命した。主に政治哲学の分野で活躍し、全体主義を生みだす大衆社会の分析で知られる。

＊9　**『人間の条件』**
（水速雄訳、筑摩書房、１９９５年）。１９５８年に出版されたアーレントによる政治哲学の著作。

＊10　**シャンタル・ムフ**
（Chantal Mouffe　１９４３年〜）

ベルギー出身の政治学者。ウェストミンスター大学民主主義研究所の所長を務める。アントニオ・グラムシの思想に依拠して、民主主

公的領域を現代において再建していかなければならないというのが、アーレントの議論だったわけです。

またそれは、フーコーによる「独話的理性」に対する批判を受け止め、フーコーのいう「主体＝権力」に「対話的理性」を対置して、ポストモダニズムに対して、近代というのは、「対話的理性」による「コミュニケーション的合理性」の場なのであり、「未完のプロジェクト」として今後も追及しつづけなければならないのだと主張したユルゲン・ハーバーマスの議論とも通じ合うものです。

さらに、アーレントやハーバーマスを受けて、「永続民主主義革命」を提起したシャンタル・ムフ[*10]たちの議論とも通じていきます。

マルクスは国家の死滅をいったけれども、国家の死滅・廃絶ではなくて、むしろ「政治的なるもの（the political）」の再興こそが必要なのだとポスト・マルクス主義[*11]の展望を語ったムフたちですが、こうした議論もまた、ポストモダニズムの挑戦に対して、それらを乗り越えていこうとする知の格闘のなかで展開されてきたものです。その少なくとも萌芽的なものが丸山さんのなかにもあったではないかと思うのです。

こうした意味では、日本社会が抱えている思想的課題と西欧近代社会が抱

義の根源的な問い直しを通して、「政治的なるもの」の領域を探求。近年は、カール・シュミットの友敵関係を鍵概念に闘技的多元主義の構想を提起している。

＊11　ポスト・マルクス主義

１９８９年からマルクス主義の現実における「実験」としてのソ連・東欧社会主義が崩壊、一方，１９２０年代のルカーチ、グラムシ、カール・コルシュに始り、フランクフルト学派、さらには60年代のアルチュセール派へと続く，一連の「西欧マルクス主義」による学問的再活性化の努力が行きづまるなかで、マルクス主義は方法論のみならず，国家論，戦略論，社会主義論，民主主義論全般にわたる再検討を迫られた。その代表作と言えるのがムフと

えているそれへの解決の方向性は一つに収斂していく可能性がある。その収斂の方向は、ムフのいう「闘技場的＝アゴーン的民主主義」であったり、ハーバーマスの「対話的理性」であったり、あるいはアーレントが「公的領域」と呼び、ムフが「政治的なるもの」と呼んだものであったり、つまり人間がその言語によるコミュニケーションの場を再構築していくということのなかに見出されていく可能性があるのではないでしょうか。

くしくも、60年代半ばにおける丸山さんの思想を代表するキータームは、「永久革命としての民主主義」だったわけです。これとはまったく無関係にムフがたどり着いたのも「永続民主主義革命」という概念だったのです。こう考えると、丸山さんの思想に開かれていた可能性といったものを、もう少しちゃんと見据えていかねばならないのではないかと思います。たしかに断章で終わっているものでしかありません。しかし、「自己内対話」によって「古層＝執拗低音」を乗り越える可能性が、そこに見出されるのではないでしょうか。

そんなことを日々考えています。日本が大量の移民を受け入れて、移民排斥の嵐の中で、それでも日本の民主主義が守り通せるのかについては、正直「うーん……」と思わざるをえません。こうしたことに耐えられる社会を創

エルネスト・ラクラウが1985年に著した『ヘゲモニーと社会主義戦略—根源的民主主義に向けて』(邦題『民主主義の革命—ヘゲモニーとポスト・マルクス主義』西永亮・千葉眞訳、筑摩書房、2012年)である。彼らは従来のマルクス主義がもつ「経済決定論」や「階級還元主義」を批判し，具体的な状況の「関係性」と「偶発性」を重視する。運動のにない手は，複合的な社会関係の節目ごとに重層的に決定されるのであり，それらのにない手たちがどのように手を結び，組織化されるかは戦略的に一定ではない。したがって，複数のにない手が具体的な状況に応じて形成する個別的な「民主主義的空間」をどのように多元的に増殖させていくかという課題こそが今日の社会主義にとって

っていかなければならないし、こういうことに耐えられる主体を形成していかなければなりません。今後の日本社会を考えていく上での大きなポイントになるように思います。

重要な戦略であるとしている。

質疑応答

じゅんちゃん　日本で「開かれた社会」となるよう移民がたくさん来た時代はあったのでしょうか。

冨田　６６０年代の白村江の戦[*12]のとき、百済が唐に滅ぼされて、百済の再興を掲げた倭が百済の王子を押し立てて、大軍団を朝鮮半島に送り込んだあげくに大敗北を喫します。

そこで倭の大軍団はほとんど壊滅してしまい、百済も完全に滅んでしまいます。その後、王家から民にいたるまで百済の遺臣と遺民を大量に受けることになります。たぶん、日本列島の住民の構成が最終的に決定したのは、この時代なのではないでしょうか。そういう時代はたしかにありました。そういう意味でも、７‐８世紀は大きな「開国」の時代だったわけです。

＊12　**白村江の戦い**
（はくすきのえのたたかい、はくそんこうのたたかい）
６６３［天智２］年に朝鮮半島の白村江（現在の錦江河口付近）で行われた、倭・百済遺民の連合軍と、唐・新羅連合軍との戦争。

じゅんちゃん　それによってある意味進歩した具体的なものがありましたか。

冨田　丸山さんはそういうことについては語ってはいないですが、私が講義で語っていることは以下の通りです。このときに日本という国名が定められた。同時に天皇という君主号も定められました。天皇というのは明らかに倭の大王と百済の王との連合王国の王の称号なのです。

東京大学史料編纂所の保立道久[*13]さんが、日本とは「民族複合国家」なのだといっているのですが、天皇というのは倭の王でもなければ、百済の王でもない、それら両方の王を意味する。日本ももう倭ではないのだと。そういう意味を持っていたのだろうといっています。現に百済の王族は、「百済王家（くだらのこにきしけ）」という天皇の臣下となります。やがて百済王の一族と倭の大王の一族とが婚姻関係を結んで、その間に生まれた王子が桓武天皇なのです。桓武天皇は名実ともに百済王家と倭の大王家とを統合する天皇として即位します。この時代に律令制が整えられ、平城京と平安京が作られ、『古事記』『日本書紀』と『万葉集』が編纂され、さらに日本語が生まれます。「やまとことば」を漢字を使って表記する書き言葉としての日本語の誕生です。

私たちの考える日本というものがほぼできあがるこの時代は、まさに大量

＊13　保立道久（ほたて みちひさ　１９４８〜）歴史学者。東京大学史料編纂所名誉教授。専攻は日本中世史。

の移民が日本に流入して来た時代だったのです。そこでは移民は対等な存在として受け入れられています。排斥などが起こることなく移民が受け入れられ、新しい日本が作られていった時代でした。もちろん、関東から東北はその領域外でしたが。そういう中で日本語も生まれてくるという話です。

じゅんちゃん　それは平たくいうと、今でいえば韓国の人が日本に来て天皇になっているぐらいというのが桓武天皇なのでしょうか？

冨田　今の天皇家が百済の血筋を引いているというのは、今の上皇も明確に発言していますよね。自分には朝鮮半島の人びとの血が入っていると。天皇家も知っているのです。

じゅんちゃん　そういうのを聞くと、逆にすごく今の保守系の人は中国や韓国大嫌いですけど、かなり矛盾していますね。

冨田　矛盾した話です。天皇自ら百済の血が入っていると認めているのですから。

じゅんちゃん　純粋な日本人というのにこだわりすぎているのも、「日本的変容」なのでしょうか。

冨田　それが閉じてしまうということですね。「開けた精神」が生み出してきたものです。自己の殻に閉じこもって、他者を他在として理解しないし、みんな同質なものとして仲間ということで一つになろうとして、その中に異質な者があれば排除してしまう。そういうことを繰り返してきた。結局そういう話になってしまうのだけども、その原型というか出発点をつくっているのは白村江の戦の後の大量移民の受け入れです。

これから日本でそうしたことが起こったとしても初めてのことではない。だけどやはりそういうことが起こると、内乱的な状況になってしまう。この直後に壬申の乱が起こります。古代における天下分け目の合戦です。天智天皇の息子の大友皇子と天智天皇の弟の大海人皇子＝天武天皇が武力激突に至り、あの関ケ原で戦って、天武天皇が勝利します。そういう過程がありうるわけで、今の時代では内乱ということにはならないでしょうけれど、それなりの犠牲を払うような社会的な騒乱が起きる可能性は否定できないかもしれません。

じゅんちゃん　『古事記』は外国文化を受容した今の天皇を否定するために生まれた物語なのでしょうか。

冨田　『古事記』と『日本書紀』の違いはとても面白くて、『古事記』は『日本書紀』のことを完全に無視しているだけでなく、『古事記』が編纂されたときには間違いなく「日本」という国号が存在していたのに、これが一切用いられていないのです。７０１年に制定された大宝律令で日本という国号が定められました。『古事記』が編纂されたのは７１２年といわれているので、間違いなく日本という国号が使われていたはずにもかかわらずです。『古事記』はそもそも日本というものを否認しているだと思います。

逆に『日本書紀』の方も、『古事記』の存在を否認しています。『古事記』は、天武天皇の命令で編纂され、元明天皇に献上されたのですが、天皇が命じて天皇に献上されたという出来事は、本来、『日本書紀』に記録されていなければならないはずなのに、なぜか記されていないのです。要するに『日本書紀』は、『古事記』の存在を完全に無視しているのです。

『日本書紀』と『古事記』が、原理的に対立関係にあることは間違いありません。この対立関係をどのように読み解いていくのかが、大きな課題です。私も拙著『丸山眞男　「古層論」の射程』で論じています。これはまだまだ解明されなければならない問題です。

じゅんちゃん　日本の義務教育でも渡来人が朝鮮半島から来ているといわれているのに、万世一系ということで何もなくなっているのは興味深いですね。どの辺からそういう発想が、教育によってなのか、我々一般人の中に刷り込まれていたのか、興味深いですね。

冨田　万世一系ということを一番強く意識していたのは、将門の乱あたりからではないかと論じている人もいますね。この時代に平将門と藤原純友が東西から都に迫っている。純友は瀬戸内海から淀川をたどって京都の手前にまで進出し、将門は関東で新皇を名乗り新国家の建国を宣言する。この絶体絶命の大乱をなんとか凌いだあたりから万世一系という発想が出てきたのではないかともいわれています。

たとえば桓武天皇は、王朝交代をしたのだと自分では思っている。つまり彼は壬申の乱で負けた天智系の天皇です。天武系の天皇が途絶えてしまった結果、天皇に即位する。これは同時に百済王家の血を引いている桓武が即位するということをも意味するわけですが、このことは桓武自身のなかでは、王朝交代を意味していると考えられのだと思います。

だから、桓武天皇は中国で行われる王朝交代の儀式を行おうとするのです。ですから万世一系という観念はそんなに遡れるものではないのです。せいぜい桓武までです。その後、南北朝時代の『神皇正統記』[*14]などを通じて万世一系という思想がイデオロギーとして確立していきます。

もう一つ面白いのは、「文化接触」[*15]して思想や文化をどんどん輸入していくのだけれども、なぜか孟子の思想は、なかなか入ってこないのです。儒

＊14　『神皇正統記』（じんのうしょうとうき）南北朝時代、南朝公卿の北畠親房が著した歴史書。神代から１３３９（延元４／暦応２）年の後村上天皇践祚までを書く。

＊15　孟子（もうし　紀元前３７２?～紀元前２８９?）

教[16]は入ってくるけど、孟子は入ってこない。なぜ孟子が入ってこないかというと、孟子は「易姓革命」という王朝交代を正当化する議論を展開するからです。だから、日本にとっては王朝交代を正当化する孟子の思想というのは、あまり都合がよくない。どんどん王朝交代していくのが正しいあり方であって、なぜ正しいかというと、天命というものが下ることで、天子としての皇帝が定まっていくのだけれども、天命は儒教的な倫理にかなう有徳者に対して下る。たいてい何代も王権が続いて行くと腐敗・堕落して徳を失う。そうするとそこで天命が替わり、革命が起きる。「易姓革命」ですね。革命という言葉はもともと天命が替わり、王朝が交代するという意味です。新たに徳を持った者に天命が下ると。こうした思想を展開したのが、孟子だったわけです。

「易姓革命」というのは儒教的な徳を持った人たちが次々と王権を打ち立てていくことを正当化する論理だったのです。万世一系ということを考えると、とても不都合です。だから日本では儒教は受容されるけども、孟子の「易姓革命説」はなかなか受容されない。

面白いことに、中国から『孟子』という書物を積んだ船は日本に着く前に難破するという都市伝説のような話がありました。そうすると船乗りは縁起

中国戦国時代の儒学者、思想家。孔子の孫である子思の門人に学業を受けたとされ、儒教（とくに朱子学）では孔子に次いで重要な人物とされる。そのため儒教は別名「孔孟の教え」とも呼ばれる。言行は『孟子』（もうし）にまとめられている。性善説を主張し、仁義による「王道政治」を目指した。

＊16 儒教（じゅきょう）
孔子を始祖とする思考・信仰の体系。紀元前の中国に興り、東アジア各国で2000年以上に渡り強い影響力を持つ。その学問的側面から儒学、思想的側面からは名教・礼教（中国語版）ともいう。大成者の孔子から、孔教・孔子教とも呼ぶ。中国では、哲学・思想としては儒家思想という。

を担ぐので、日本へと出航する船には『孟子』という書物は絶対に積まない。だから日本に『孟子』は入ってこないという話があります。「孟子舶載船覆溺説」というのです。

朱子学[*17]をはじめ中国の正統儒教において孟子は孔子[*18]と並ぶ最重要な思想家なのに、日本にはなかなか入ってこない。不思議な現象です。

じゅんちゃん　今も鎖国状態に向かいつつありそうですが、こういう状態は丸山さんにとってはよろしくないことでしょうか。

冨田　開かれるチャンスが失われるわけですね。自閉的になるということはそういうことです。なんとか開かれる状況、たとえ「古層」によって「日本的な変容」を被ることになろうとも、開かれるチャンスというものは常にあった方がいいですよね。閉じてしまうと「古層」が隆起してしまう。せっかく「文化接触」によって「開かれた社会」が生まれる条件ができても、閉じてしまうとまたムクムクと「古層」が隆起してきて、あるいは「古層」の影響が強くなっていって、せっかく入って来たいろんな可能性が摘み取られてしまいます。

「開」「閉」というのは結構、近代に入ってからも短期間の周期で繰り返されています。明治維新がまさに文明開化の「開国」だったけど、「開けた精神」

＊17　朱子学（しゅしがく）
南宋の朱熹（1130〜1200）によって構築された儒教の新しい学問体系。日本で使われる用語であり、中国では、朱熹がみずからの先駆者と位置づけた北宋の程頤と合わせて程朱学（程朱理学）、程朱学派と呼ばれる。また、聖人の道統の継承を標榜する学派であることから、道学とも呼ばれる。

しか生み出さず、その後の超国家主義の時代はまさに「鎖国」で、対外的に侵略して膨張していくけれども、日本そのものはすごく自閉的になっていく。その後敗戦によってアメリカに「開国」したけども、バブルの時代から精神的な「鎖国」が起きます。もうアメリカから学ぶものはない、ヨーロッパはもう追い越してしまったと。その頃、ジャパンアズナンバーワンといわれてみんないい気になって、日本的経営とかが盛んに持て囃されて、もう日本は欧米から学ぶものは何もないみたいな「鎖国」状態に入るわけです。

バブルが崩壊してまた「開国」するわけですが、そのときに出てきたのは竹中平蔵氏たちで、グローバルスタンダードといって、アングロサクソンスタンダードを持ち込んできた。これはまさに典型的な日本的な啓蒙にすぎなくて、小泉構造改革にいたる。グローバルスタンダードだ、構造改革だと騒いでいたときに開いたのだけど、「開かれ」なくて「開けた」だけで、また閉じ始めていく。

じゅんちゃん　明治時代とは丸山さんにとってはどういう時代でしたでしょうか。一応は開かれていたようにも見えますけども、ナショナリズムを強くしていった「超国家主義」の萌芽の時代でもあったのではないでしょうか。

冨田　そのとおりです。結局、明治維新以降、何が生まれたかというと、

＊18　孔子
（こうし、くじ　紀元前552または紀元前551～紀元前479）春秋時代の中国の思想家、哲学者。儒家の始祖。読みの「こうし」は漢音、「くじ」は呉音。釈迦、キリスト、ソクラテスと並び四聖人（四聖）に数えられる。その死後約400年かけて孔子の教えをまとめ、弟子たちが編纂したのが『論語』である。

個人の内面に媒介されない国家主義、「超国家主義」に向かっていきました。人びとは確かに感覚的には解放されていたけども、それはもっぱら、星とか菫花とかといったものに対する感覚的な解放でしかなかった。

規範を内面的に確立し、かつ国家と個人がちゃんと媒介されるような規範のあり方を確立することができなかったという意味で、明治維新は、本来は近代市民革命が果たすべき課題を果たすことなく終わったというのが、丸山さんの理解です。明治維新が成し遂げえなかった課題は、今度は戦後民主主義革命が果たさなければならい課題となったのです。

でも、丸山さんは明治の初期にはいろいろな可能性を見ていて、前向きな状況がなかったとは思っていなかったようです。

福沢諭吉[19]の評価はいろいろありますが、彼の『文明論之概略』[20]の1章から9章までは、文明の精神を実現していくことを最大の課題として、それが目的であり、そのためにも国家の独立が手段として必要なのだといっているあたりは、かなり健全でした。だけど、第10章になって、突然、いやいま文明の精神を発達させなければならないのは、あくまでも国家の独立と国家の強化のための手段なのだというわけです。どっちが手段でどっちが目的なのか、同じ本で変わってしまっているのです。

*19　福沢諭吉（ふくざわ ゆきち 1835〔天保5〕～1901〔明治34〕）蘭学者、著述家、啓蒙思想家、教育者。

そういう福沢が持っている両面性、最後のところでコケなければいいのだけれど、最後はそこでコケてしまう。そういう両面性を帯びながらも、積極的な側面はそれとして評価すべきところはあるのだろう。福沢だけでなくたとえば陸羯南なんかについても、丸山さんはそう見ています。

じゅんちゃん　丸山さんにとっては、「開かれた」というのは、多民族国家的なものをイメージしますが、何かほかにどういうのがありますでしょうか

冨田　多民族であるかどうかは別にして、まさにムフのいう「アゴーン」だったり、アーレントの「公的領域」だったり、つまり、それぞれ複数性＝多様性を持った人たちが様々に討議をすること、ここがポイントになりますね。お互い違うからこそ議論をする。

たとえば、学問の世界でも日本では本当の意味での論争は起きないというのです。つまり、相手の主張をとことんしっかり受け止めたうえで、そのうえで、そこから学ぶものは学んで、そして批判すべきものは批判するという、真摯な論争は日本では起きたことがないというのです。たいていは相手の主張を都合がいいところだけを切り取って、そこを叩いて、論争に勝った、勝ったといっている。そういう論争の仕方しかない。だから丸山さんも『自己

＊20　**『文明論之概略』**（ぶんめいろんのがいりゃく）
福澤諭吉の著書。初版は1875（明治8年）年に刊行され、全6巻10章より成る。西洋と日本の文明を比較した文明論説で、1877（明治10）年刊行の田口卯吉『日本開化小史』とともに、明治初期（文明開化期）の在野史学における代表的な著作とされる。

内対話』で日本における論争は不毛だといっているのですね。

自分の論敵の議論をとことん引用することすらしない。私は丸山さんのノートから学んで、少なくとも自分が書く論文では、自分が批判すべき対象の書いているものをできるだけ長く引用して、そのうえでちゃんと批判を加える作法を取ろうとしているのですが、そういうのはたとえば編集者に「引用が長すぎます」といわれたりする。日本の学問の作法では、自分が批判すべき対象の議論の一部分を捕まえて批判するのが通常なので、それを延々と引用するなんてことは、日本の学問の作法にはなじまないということになってしまっています。

そういうことも含めて、本当の意味での議論や論争というものが行われない。逆に丸山さんが評価していたのは、福沢諭吉の「多事争論」[20]とか（故・筑紫哲也さんがＴＢＳの「ＮＥＷＳ23」でコーナーを設けたように高く評価していました）、中江兆民[21]の「社会の交際」などです。中江兆民は「社会の交際」を通じた徹底した議論によって、人間が兆民のキータームである「心思の自由」を発展させることができるのだと論じていました。明治時代の初期のうちにはそういう可能性に開かれた思想もあった。しかしやがて「多事争論」にしても「社会の交際」にしても、日本の思想の中から失われていっ

＊20　**多事争論**
福沢諭吉が『文明論之概略』で用いた。「自由の気風は唯）多事争論の間に在りて存するものと知る可し」、「単一の説を守れば、其の説の性質は仮令（たとひ）純精善良なるも、之れに由て決して自由の気を生ず可からず」とした。

てしまいます。

兆民が『三酔人経綸問答』[*22]という主著で、問答体といって、三人の酔っぱらいに論争させるという手法を採っています。その中の誰が兆民自身なのかという議論がずっとあるのですが、三人が三人とも兆民自身なのです。こうしたかたちで思想を表現することが、まさに自己内対話であるわけです。そういうものの一つの典型例として兆民が注目されています。

議論や論争にしても日本社会では起きにくい問題は今でもあるでしょう。他者を他在として理解する「自己内対話」という丸山さんが掲げた課題が今でも問われているのだと思います。

じゅんちゃん　男女不平等は日本で古くからあると思いますが、丸山さんは？

冨田　真正面から取り上げている論考はないですね。そういう意味では、必ずしもジェンダーの問題については触れていないですね。ただ、他者を他在として理解するということは、そのまま応用できますね。

丸山さんのいう近代的な人間像というのは、西欧近代にあるように男性を普遍と考えて、平等で同質的な男性市民みたいな発想であるというよりも、アーレントやムフがいうように、複数性や多元性というのが前提にあるわけ

＊21　**中江兆民**
（なかえちょうみん　１８４７［弘化４］～１８４７［明治34］）
思想家、ジャーナリスト、政治家（衆議院議員）。自由民権運動の理論的指導者であり、第１回衆議院議員総選挙における当選者の一人。フランスの啓蒙思想家ジャン＝ジャック・ルソーを日本へ紹介したことから「東洋のルソー」と評される。

＊22　**『三酔人経綸問答』**
（さんすいじんけいりんもんどう）
中江兆民が１８８７［明治20］年に刊行。

です。だからこそ、他者を他在として理解することが課題となるのです。

男女だってお互いを他者として理解することが当然必要なのであって、他者として対等であるということですよね。男女平等というと日本では男女雇用機会均等法のように男と女が平等に扱われるべきだというと、女の方を男の方に引き上げるというようなかたちで、平等で同質なものとして扱おうとすることになる。そうではなくて、男と女の違いという他者性を前提にしてどう対等な関係を作るか。そのためには、他者を他在として理解し対等な関係を作っていくことを考えるべきなのだというのが、丸山さんの基本的なスタンスだと思います。

じゅんちゃん　いわゆる伝統を重んじる人たちからは、性差別ではなく役割の分担だという話をしていると思いますが、世界的に不平等だといわれても、「よそはよそ、うちはうち」みたいな感覚が強い人が多いですが。

冨田　丸山さんは「近代主義者」だといって批判されてきた。それは、批判されるべき〝近代〟、すなわち男性を中心とした同質的で、そういう意味で平等な市民が構成しているような〝近代〟を擁護するからだとされてきたわけです。でも、丸山さんのいう「他者を他在として理解をする」とか、「他者感覚」を持つべきとかいうのは、そういうものとは違うのです。

それから、とりわけ日本では、同調圧力というものが問題ですよね。同質性を強制的に実現していこうとするような同調圧力。そういうものが現代においては一番の問題なのでしょうね。

男女の話でも、男女雇用機会均等法がそうだったように、総合職の女性は、女を捨てて男になれといわれたわけで、日本社会においてはこういうかたちで女性の社会進出は追い詰められていったわけです。こういうものが本当の意味での男女平等なのか。丸山さんの展望は、男女だけでなくもっと多様な性のあり方をも前提として、そのうえで構築されるべき対等性に向けて開かれているのではないでしょうか。

じゅんちゃん　最期にまとめてくださいますか。

冨田　最も重要なタームは、「他者を他在として理解」するということで、他者性に対する感覚を持つべきだということです。

丸山さんは、柳田国男と同じようなことをいっているのではないのだと強調しましたが、柳田もひどいことばかりいっているわけではなくて、初期の柳田の議論にはいろいろな可能性が開かれていたのだという研究もあるのです。日本人は、みんな同じ瑞穂の国でお米をつくってお米を食べているみたいな、こういう幻想にいつまで呪縛されていなければならないのでしょうか。

『古事記』まで遡って、日本人はずっと瑞穂の国でお米を作りお米を食べてきたみたいな幻想を打ち破りながら、日本人にもいろいろな多様性があって、いろいろな他者が私たちのなかに存在して、同じ日本人といったって他者性に満ち溢れているわけで、みんなそれぞれ違っていいのだ。そしてみんな違うということを認識し合うことから始まるのだ。こういうことが、「古層=執拗低音」を突破していく新しい道なのではないかと考えています。

第2部

丸山眞男の作品で現代を読み解く

第1章 無責任、無計画、不合理
――『軍国支配者の精神形態』

なぜこれほどまでに不合理なことをやるのか？
なぜこれほどまでに無計画なことをやるのか？
なぜこれほどまでに無責任なことをやるのか？

この疑問は多くの日本に住む人が今の政治家や官僚、企業の不祥事に対して思うことでしょう。しかも多くの人を驚かせるのは、そういったことを長期間にわたってしていたり、非常に多くの人が関わっていたり、優秀とされる大学を出ている人がしていたりするからです。

このことの根源には何があるのか。そのようなことを考えたのが丸山眞男という人でした。丸山の場合は、それが先の大戦において日本が目も当てられない行動を大規模にとったメカニズムを知りたいという一環で、同じ問いに至っているのです。一つ例をあげると、それを解明するにあたり彼が注目したものは、大規模な悪に身を委ねた個人が後にどういう形で自己弁護したかという点でした。『軍国支配者の精神形態』から、少し掘り下げて見てみましょう。

1 「既成事実への屈服」

丸山は第二次世界大戦後の戦犯を裁く極東軍事裁判の過程から、被告の発言について「千差万別の自己弁解をえり分けて行くとそこに二つの大きな論理的鉱脈に行きつく」としています。その2つというのは、1つが「既成事実への屈服」で、もう1つが「権限への逃避」というものでした。そうしたものを通して無責任さ、無計画さ、不合理さを正当化するに至ると彼は考えたのです。

順に見ていくと、まず「既成事実への屈服」については、「既に現実が形成せられたということがそれを結局において是認する根拠となること」と述べられています。これは、そうなってしまったからどうしようもなかったという諦めにも見える気持ちと、それが不可避であったということを汲み取ってくれるように聞き手に要求するものが入り混じったものです。

その着想は、どれほど問題のある作戦や行動でも「決まっていたので従わざるを得なかった」と、敗戦の弁として当人たちから出てきているところから来ています。このような発言が意識することなく、いくつも出ていたというのが興味深い現象として、彼には捉えられているのです。

丸山の紹介している一例として、三国同盟に対する複数の軍人の弁明が興味深いので紹介します。まず、元駐独大使の大島浩中将の例でいうと、彼は「三国同盟に賛成していたかと問われて、『それが国策としてきまりましたし大衆も支持しておりますから私ももちろんそれを支持しておりました』と弁明する」と紹介しています。すごく他人事のように、みんなが支持していたので致し方なく三国同盟に支持をしていた、という趣旨の発言をしていたことがわかるでしょう。もちろんその様なことを述べることが一切許されないのかといえば、必ずしもすぐそうなるわけではありません。しかしここで大事なのが、この大島という人物が組織内でどういうポジションの人物だったのかということです。実は単なる末端の小役人ではなく、「大島のごときは三国同盟でも最もイニシアティヴをとった」外交官であったというところなのです。ネットでも調べれば、大島が三国同盟の立役者として紹介されている記事がいくつも見つかるでしょう。このことが教えてくれる恐ろしさは、いうまでもないでしょう。自分に一番実質的な意思決定の権限があると思われる人が、ものすごく他人事のように語っている点です。そして、戦後において不可抗力に流されました、というすごく情けないことを真面目に答えているのです。

ところで、丸山はこの発言をした大島について例外とは考えていません。彼が強調しているのは似た様な発言をしたものがほかに複数いたという点です。A級戦犯として終身刑になった政治家の木戸幸一も類似の発言を見せました。具体的には、「私個人としては、この同盟には反対でありました。しかしながら…（中略）…現実の問題としてはこれを絶対に拒否することは困難だと思います」と述べました。しかしさらに、外務大臣を務めた東郷茂徳も、「私の個人的意見は反対でありましたが、すべて物事にはなり行きがあります。…（中略）…すなわち前にきまった政策が一旦既成事実になった以上は、これを変えることは甚だ簡単ではありません」と述べました。これらの例が示すのは、戦時中の有力者と思えないくらい、あまりに弱々しい権力者たちの発言だということです。そして、多くの人がこれほど無責任な人たちに流される形で悲劇にのめり込んでいったことを、丸山は伝えようとしているのです。

ここでまとめとして彼らの発言に共通することを丸山はどう見ているのか紹介します。ポイントは2つあります。1つ目は「自己の信ずるオピニオンに忠実であることではなくして、むしろそれを『私情』として殺して周囲に従う方を選び又それをモラルとするような『精神』」があるということです。この話を聞いてて誰もが思うのは、今日でも盛んに言われているような話だなということです。「日本人の課題は自分の意見をしっかり主張すること」とずっといわれているのがいい例でしょう。

もちろん、今日では自分の意見を主張することが素晴らしいとかなんとかいって、時代は変わりつつあるみたいな雰囲気もあります。しかし、実際に日常生活の隅々までそうなっているかというと、身近にある組織ではそういう人間を煙たく扱うということは、まだまだ少なくありません。

また、2つ目には、「現実」というものが常に作り出されていく、作り出すものという意識がないということです。あくまで作り出され「た」ものであり、どこかから降ってきたものだという意識で現実を見ているということです。そこに「主体性」というのはないということです。

もちろん「主体性」があればいいという話ではないということを、その後に丸山は述べています。それがまずい方向に出たのがヒトラーおよび彼が率いたナチスです。例えば、ポーランド侵攻にあたりヒトラーは、「既成の情勢に自己を適応せしめることによって問題の解決を避けようとする如き原則は許されない。寧ろ情勢をして自己に適応せしむべきである」と、力強く述べたということが記録されています。もちろんトップのヒトラーだけではありません。他にもゲーリングという幹部は「余は百パーセント責任をとらねばならぬ……余は総統の反対さえも却下して万事を最後の発展段階にまで導いた」と述べています。この両者の発言を見ると、先ほどまでの日本軍関係者の発言の数々との差に驚かされるところでしょう。これはこれで別の意味で恐ろしいものです。

そういったことを踏まえると、自国の傾向を理解するべきだということが伝えたかったのだと思われます。日本の場合でいえば、権限のあるものたちに責任意識が希薄であり、その結果として、ずるずると被害を大きくしていったということなのであり、そのことに対する反省が求められるということなのです。

2　権限への逃避

続いて2つ目の「権限への逃避」というものを見てみましょう。これは一言でいえば、自分たちの無責任を正当化するにあたり、「訴追されている事項が官制上の形式的権限の範囲には属さないということ」を主張するものだったと、丸山は説明しています。わかりやすい言葉でいえば、「自分は一官僚に過ぎなかった」という主張が今日もみかけることがありますが、それと同じ様なものと言って良いでしょう。ほかの言い方でいうと、「自分の職務上、意思決定に関わることができたとは言えず、上からの命令に対してそれに忠実に実行することしかできなかった」というものや、「法律上その責任を負うような位置づけの人間ではなかった」というようなものもあります。ポイントは、自分の過失を全て自分の職域や職務といった権限を規定するものを盾に回避するというものです。

興味深いのが、これまた先ほどの「既成事実への屈服」と同様、極東軍事裁判の取り調べではこのような「権限への逃避」を伺わせる発言がたくさん見つかったと丸山は指摘します。一つ例をあげると、ある軍人は自らが問われている罪に対する反論として、「軍人としての経歴の大部分を通じて、従属的地位に在ったということが明白に立証されています」という文章などで弁護人を通じて展開しています。これで、だから責任がないよと主張できると考えているところが、非常に興味深いのではないでしょうか。しかし、弁護士をつけてこれを主張してくるということで、述べている本人は本気なのです。

他の例も丸山はあげています。松井石根という戦後の極東軍事裁判で死刑となった人物がいます。彼が取り調べの中で、「あなたが南京において行われた暴行に対して厳罰をもって報ゆるということを欲した、このために非常に努力したということを、どういうふうに説明しますか」と問われたところ、「全般の指揮官として、部下の軍司令官、師団長にそれを希望するよりほかに、権限はありません」といったような形で、自分の「権限への逃避」を行い、風紀の管理に対する責任を逃れようとしている姿を描いています。

これらの例をもって丸山は、この「権限への逃避」という現象に関する説明を行います。まず、「思いつきの責任逃れ」と思ってはならないといいます。ではなんなのかといえば、ウェーバーのいうところの「官僚の精神」というものがあるのだというのです。実際、大日本帝国の体制では、天皇や東條英機のようなどこからみても責任が明解といえる人物はそう多くありませんでした。彼らより下に位置するものは下僕でしかない組織体系になっていたということです。そのような組織内部にいる者たちも環境に順応する形で、「自己にとって不利な状況のときには何時でも法規で規定された厳密な職務権限に従って行動する専門官吏（Fachbeamte）になりすますことが出来る」という術を覚えたのだろうと指摘するわけです。

もちろん、一連の取り調べ記録というのは抜粋であることから、すべて該当の人間がそうだったと述べられるかは確信を持てるものではありません。あくまで取り調べの記録上そう見えるというだけのものかもしれませんし、取り調べの側が誘導していたとも考えられます。また、丸山の引用が恣意的だった可能性もあります。実際後年の研究でそういう指摘を行うものもあります。しかしながら、その辺りを割り引いて読むにしても、丸山の大枠の議論として我々に共感するところが多い理由はなんでしょうか。おそらく、似たような人間を今日でも多く目撃しているからではないでしょうか。

第2章　なぜ政治は変わらないのか？　――『政治的無関心』

「日本という国は民主主義国家か？」と聞かれた場合に、おそらくこの質問に多くの人が多少の不満はあれども、そうであると述べるでしょう。実際、国際的に見ても民主主義国家というグループに属しているとされていますし、制度上は国権の最高機関たる立法府の国会は国民の投票により構成員が選ばれていることは、ごく一部の「投票機の改造による不正選挙」を叫ぶような人を除けば否定する人などいないでしょう。また、その国会における多数派勢力から行政の長である内閣総理大臣も選ばれていますから、国民の意向さえ変われば、国の体制をごろっと変える力があることを否定する人もほとんどないでしょう。そういう意味で、制度上は国民の力で社会のあり方を変えられる民主主義国家であるわけです。それは誇るべきことだとさえ思います。

しかし、私が「制度上は」と留保をつけるのには明確な理由があります。それは、今述べた理論上いえることと現実に起きていることの間にギャップが見られるからにほかなりません。つまりは、政治が変わるべき時であっても変わらない現実があるということです。そして、その感覚は時を経るごとにより強く感じられさえすると。たとえば格差問題一つにしても、どういう切り口で調査するかに差はあっても、ここ数十年は一貫して格差は拡大傾向にあり、望ましくない状態にあると言われ続けています。こうなると理論的には、政治において現状のあり方を変更しようとする流れができるはずです。しかし、それが目に見えて起きているようには思えません。

ではどうなっているのかというと、現状のあり方を変えようとする動きよりも、次の２つのパターンに分かれるというのが大多数ではないでしょうか。１つ目がそれでもなお既存の政治勢力を容認するというもの。そして、２つ目が政治というものに対して無関心になるというものです。

とくに後者の政治的無関心というものは、今や日本最大の勢力を誇るといってもよいでしょう。支持政党なしが常に一番多くの割合を占めるのは当たり前になりました。理論的に例外的であるともいえるものが、主流派になっている状況です。

実は丸山眞男もまた、この政治的無関心というものをいち早く捉え、それが顕著になる社会の危うさを指摘していました。そこで、ここでは、丸山の『政治的無関心』という小論をもとに、政治的無関心が多くなることがなぜ危険なのかを説明します。

１　政治的無関心という政治思想の外に位置する存在

順に見ていくと、まず丸山は政治的無関心について説明するに先立ち、人間の政治的態度を３つに大別しました。１つ目は「政治権力とその象徴に対する積極的な忠誠、支持」というもの。２つ目は、「それへの積極的な反抗、否認とに大別」というもの。そして最後の３つ目が、「いずれの権力に対しても積極的に忠誠も示さなければ積極的反抗も示さないという『政治的態度』」というものになります。もちろん、このうち３つ目がここで議論のテーマとする政治的無関心というものに該当します。

その上で、彼はこの政治的無関心はさらに３つのグループに分かれるということを、アメリカの政治学者Ｈ・Ｄ・ラスウェルの考えをもとに示します。１つが「脱政治的なもの」であり、これは自分が権力の行使に何らかの関わりを持った挙句に、良い結果がえられず幻滅し、権力というもの自体から距離を取ろうとするものです。２つ目が、「無政治的なもの」で、これは他の価値に対してのめり込むことで政治への関心を持たないでおくものです。具体的には学問や芸術などがあげられています。最後の３つ目が、「反政治的なもの」で「個人主義的アナーキストや宗教的神秘主義者のように、自分の固着する価値が本質的に政治と衝突するという前提」に立つものです。

もちろんこれらは相互にかぶることもあり、きれいに分かれるものではないことはいうまでもありません。たとえば、昨今ビジネス書といわれるような本などを書いているような「成功者」なる人たちがいます。私もよく彼ら・彼女らの本や発言を見ているのですが、今の格差が広がっていく状況について「政治に期待しても意味がない」「実力をつけるしかない」「結局最後に信じられるのは自分だけ」ということを盛んに述べています。

では、この人たちが政治的に無関心だとしてどこのグループに入るかは断言できるでしょうか。おそらく難しいことでしょう。たとえば、１つ目の脱政治的立場のように政治に何らかの関わりをもって失敗をした結果、その発言をしている可能性もあります。一方で、反政治的立場に基づいて、本質的に超個人主義的であったり、アナーキストであるのかもしれません。

2　政治的無関心の帰結

ここまでの議論で一口に政治的無関心といっても、その種類は様々であるということがわかったと思います。さて、ここから丸山の議論の中核に向かいます。彼の考察の鋭さは、こういった多様な政治的無関心というものの本質は何かということを、歴史的文脈から迫って考察していくことです。

具体的にどういう議論がなされているかというと、近代以前と近代以後との比較を行うことでそれを提示します。まず近代以前の社会について、彼は「ごく少数の治者層を除く大多数の民衆はたんに政治的支配の客体にとどまったから、政治的関心をもたぬのが通常であり、また積極的にもつことを禁じられていた」と指摘します。一言でいえば、ただお上に従うということ自体が政治行動の表出だったという話です。

続いて、近代以降の政治的無関心については、それ以前の時代のものとは異なる形で我々の前に現れます。丸山が述べるところでは、20世紀を代表する2大イデオロギーである自由主義と社会主義のそれぞれを支える楽観的な見通しが破綻することをもって台頭してきたといいます。

参考までに楽観的な見通しというのが、どういうものかそれぞれ簡単に見ておきましょう。まず自由主義への楽観論については、「大衆というのは権利を与えられれば、それを自分が使うべき状況に置かれれば使おうとするだろう。そして、それが社会の不備を正し、以前以上に良い状況が生まれるに違いない。仮にそれが一時的に機能していないように見えても、ちょっとした教育で補えるだろうし、もしかすると権利拡大が足りないだけなのかもしれないので、権利強化をするという方向で調整すれば大丈夫である」といった考えを持つケースを指します。

すごく夢見がちな考えであるなと思われるかもしれません。現実はそんなに甘くないよと突っ込みたくなるような内容です。しかし、かくいう我々の多くがたとえば既存の政治体制に批判的、好戦的な考え方をする場合にどう考えるか思い返してみてください。「何で投票に行かないんだ」「なんであのような政治家をほったらかしにしているんだ」と考えるのではないでしょうか。まさに、自由主義的楽観論にはまり込んでいるといっていいでしょう。

続いてもう一つの社会主義的楽観論についても見ておきましょう。自由主義のアンチテーゼとして生まれてきたのが社会主義ですが、これも結局は「個人的利害の観念を階級的利害のそれに、個人意識の問題を階級意識のそれに代えた」に過ぎないのだと、丸山は指摘します。例えば、「大衆というのは労働者階級であるということをより強く認識させれば、現在の政治問題の大半はブルジョアの所業であり、それを打倒するために立ち上がることは時間の問題だ」といったものです。つまりは、社会主義において「暗々裡に前提されていたのはやはり自由主義的思考の流れにそった合理主義的な利害心理学」だったのであり、号令のかけ方が違うだけだったのだということです。

さて、この自由主義と社会主義という2大イデオロギーに内在する楽観論の共通点は何かわかったでしょうか。要するに、いずれの立場に立とうとも、利害により人が生きているという前提は放棄していないというものです。経済学批判でもよく言われる言い回しを使えば「合理的な人間」を人間全員に想定するということです。だからこそその前提が間違っているので、我々は政治的無関心というものを帯びた人間が大量に出てくる想定もできなければ、出てきたときにその現象を説明する方法を持ち合わせていなかったというわけです。

このことを丸山は、１９２０年代の段階でウォルター・リップマンがいち早く指摘をしていたといいます。リップマンは政治的無関心を知る上で非常に重要な人物です。彼はジャーナリストとして名を馳せた人物で、その主著『世論』で、自由主義にも社会主義にも幻滅したニヒリズムやシニシズムに汚染され根無草となった大衆はその帰結として、「行動様式のステロタイプ化と能動性の低下」という状態に陥りやすくなると指摘したのです。とくに後にも触れますが、この時代あたりから隆盛したマスメディアがその流れを加速させるのに大いに役に立ったと、彼はいうわけです。因果関係なのか相関関係なのかはしりませんが、この大きな流れは非常に説得的です。

なぜなら、この現象が顕著に現れた国においてこそ、ファシズムが大きな力を持ったからです。ヨーロッパではドイツやイタリアなどがこれに該当するわけです。「生活の不安や窮迫は必ずしも『自生的』に大衆の左翼化をもたらさぬこと、むしろ不安と挫折から生まれる行動様式は自主的、合理的な組織への方向ではなくて、しばしば自我の放棄による権威への盲目的な帰依としてあらわれる」という教訓を、ドイツやイタリアは歴史に残してくれました。この話は、日本の政治的停滞が憲法９条によるものであるという言説やマスメディアによるものであるという言説など、諸々の左翼批判のテンプレートは現実を見ていないということを批判するものです。そして同時に、そういった発言を右翼的な価値観の持ち主として糾弾するだけでも政治の停滞のほとんどは説明できないのであるということです。

３　政治的無関心を後押しした現代社会の構造とは

ところで、この政治的無関心を具体的に加速させてしまうものとは何なのか、気になるところかもしれません。丸山はこれに対しても３つの切り口から応答してくれています。

１つが、現代の政治機構の複雑化とのその規模の国際的拡大です。これが「大衆の無力感を強める最大の要因となっている」と彼は指摘しているのです。その理由としては、自分の生き死にに関わる決定が、どこか遠く離れた自分の手には負えないところで行われているからです。そして、そのことが強く実感されればされるほど、自分たちはどうしようもない状況にあるという絶望感や諦観に至るわけです。もちろん、人々の耳目を集めるべく、広く政治的イデオロギーの宣伝合戦はなされます。実際、それを行うための「技術文明の発達は権力中枢と個人の日常生活との『空間的』距離を著しく縮め」ました。しかしながら、「『心理的』距離はデモクラシーの空虚化とともにますます大きくなっている」というのが実態ではないでしょうか。

結局、各種の宣伝合戦という政治活動をみて、多くの人は政治参加への意欲を喚起されるどころか、政治一般に対する反感を持って終わってしまうのが関の山だというわけです。これは今の我々の多くも共感できることだろうと思います。政治をコントロールしているという実感など微塵も感じられず、遠く離れたところで、何のつながりも感じられないような人たちが互いにぶつかり合っているのが日常で、選挙の前だけ近くに来て騒いでいるのが政治だという意識の人は、かなりの程度いることでしょう。

続いて2つ目が、「官僚化・合理化の傾向」です。これはあらゆる社会組織の肥大化に伴い生じてくるもので、内部における分業体制を構築し、その結果として「仕事と外部の世界とのつながりは日常的な意識の外におかれる」ことになるのです。もちろん、労働組合などの中間組織がこういった組織内における個人の孤立化に対する防波堤として機能しうるのですが、こういった中間組織というのは徐々に弱っていっているというのが実態です。また今日的な問題でいえば、経営の合理化の一環で、非正規雇用という形でその組織からいつ弾き出されるかもわからないという人がかなり増えています。これらもまた、物理的に同じ空間に居合わせても、精神的なつながりをもたらす連帯性を持ち合わせにくくし、社会に対する無関心を助長してしまうという議論があるのです。

なお丸山はこれについて、ブルーカラーとホワイトカラーによる差があるとし、ブルーカラーの方がその労働の特性からして無関心な態度を強化しやすいと述べていますが、今日ではそこまで差は感じられず、ホワイトカラーであろうとも徹底した無関心を深める社会環境は整っていると、私は考えています。それは時代の変化によるものなのかの検討はここでは避けますが、我々の実感として言えるのは、特にそういった分類に限らず無関心は加速しているということでしょう。

最後の３つ目が、マスコミなどが作り出す諸々の消費文化です。具体的に彼があげているのは商業ジャーナリズムやスポーツ、映画、演劇といった大衆娯楽などで、これらが政治的無関心を蔓延させる上で巨大な役割を演じていると指摘しています。これらは政治的なものを非政治化して人々に伝えることさえ可能となります。たとえば、「政治的業績や政治的資質ではなしに、朝食の献立は何々とか、行きつけの待合やナイト・クラブはどこそこといった私生活面を好んで取り上げる」というものなどは、今のテレビでも政治を取り上げるときによく扱われるジャンルです。総理と大統領が食べたハンバーガーはどういうものかとか、二人でゴルフのラウンドを回ったとか、夫人が身につけているもののブランドは何とか、そういう本質ではないところを大真面目に大きく時間を割いているのは、昔の話ではありません。政治的議論を行っているような映像でも細切れに断片化し、一つの笑いとして消費されて終わりということもよくあります。

この話を聞くと、マスコミ批判というのは今に限らず昔からありますが、単に批判しても仕方ないということがわかるでしょう。商業主義の傘下に位置するマスコミは大衆の関心が高いものを取り上げようとするわけで、政治的無関心がある程度進んでしまえば、もう政治的関心に向かう動機付けがうまく働かず、あらゆる物事を非政治化して、大衆の気を惹きつけるというふうに走るのは当然なのです。

このあたりでまとめに入りたいと思います。丸山が政治的無関心という現象を説明することを通して述べたかったことは何か。それは一言でいえば、大衆の役割を非政治化する何かがこの世界にはあって、それにより政治そのものが機能しなくなっているということです。もちろん、これを知ることが何か解決策を教えてくれるのかというと、それについて答えは教えてくれていません。たとえば、今の官僚組織やマスコミをすべて叩き潰すなんてことができるかと言えば、それは実現性に乏しいでしょう。

そう考えると、ある意味では手遅れとも読み取れるのですが、強いて前向きなメッセージを読み取るならば、自分たちがどういう世界に生きているのかということに自覚的になることがまず重要であり、そのうえで、いかに意識して自己自身に規範をかけられるかという、丸山が生涯にわたって問うたことを思い浮かべることが何よりも重要でしょう。

というのも、この政治的無関心が膨大になり、そのまま行けば、現状の支配層にとって有利な社会的仕組みを変更する可能性は潰えるからです。『政治的無関心』では、「積極的にリベラルでも保守でもないということは政治的には保守的に作用せざるをえない」と述べているところがあり、まさに無関心は価値中立ではないということを教えてくれる良い言葉だと、私は思うわけです。

では、無関心というものが社会全体で大きくなった結末はどうなるのでしょうか。それこそがすでに指摘したように不合理的な発散を引き起こすというもので、たとえばそれがファシズムにつながりうるということです。この順序を頭に入れておくことが非常に重要で、我々は昔のヒトラーの演説に熱狂するドイツ人たちの映像を前にして、ああいう演説家による宣伝を警戒しなければとなりがちです。もちろんそういった煽動を警戒することも重要なのですが、その前段階ですでに勝負がついている可能性があるのです。大規模な演説集会をする前には、徹底的に政治に対する無力感や絶望感があるという丸山の指摘を繰り返し反芻する必要があります。

第3章 陰謀論はなぜ流行るのか？ ――『政治的判断』

〝陰謀論〟という言葉が今非常に流行しています。その火付け役は最近でいうと何といってもアメリカ大統領選挙で、トランプ元大統領はインチキによって敗北させられたのだという議論が盛んになされた現象は皆様もご記憶にあるかと思います。日本でもなぜか過度にアメリカ大統領選挙にのめり込んだ人たちが総じてそういう考えに同調し、いまだに不正選挙があったといい続けているといった状態です。

ところで、このような陰謀的思考に感化される社会現象というのは、ここ数年はどうも一つの大きな波が来ているように私は感じています。なぜここまで流行しているのでしょうか。これについては、もちろん特定の事象に帰することができる性質のものではありません。しかし、一つの要素として、「〜の陰謀だ」という論法は、述べる側は無敵になれるということが大流行している大きな理由であると、私は考えています。

どういうことかといえば、アメリカ大統領選挙で「選挙において不正があった」という主張をし、法廷で勝負をつけようした人たちがたくさんいたわけですが、これを司法が審理するにも値しないという形で手当たり次第に却下していくということが起きました。

普通、ここで諦めがつくものですが、実際に陰謀論を唱えていた側はそうではありませんでした。「司法まで腐っていたか」「司法は義務を果たすのを放棄している」といい始めたのです。ほかにも多くのメディアがファクトチェックを出し、陰謀的思考をする人たちの認識が明確に誤っているということを伝えると、「メディアも操られている」といわれていたわけです。

このことからわかることとして、陰謀論は超法規的な行動（クーデター）を行うところまでは、ひたすら敵を作り続けて、攻撃の対象を探し続けることを繰り返す構造を持っているのです。そして、そのような行動の責任を「〜の陰謀だ」と考えることで免罪することができるとさえ考えているように見えます。これこそが陰謀論の危険性であり、軽んじることができない大きな理由になります。実は、そのことを丸山眞男もまた認識していたということが彼の著作を見ているとわかります。ここでは、丸山による陰謀論への理解と、この流行がもたらす帰結とは何かを、彼の小論『政治的判断』から紹介します。

1　丸山にとって陰謀論とは

まず結論から述べますと、丸山にとって陰謀論というのは、「自分たちの意図と違った結果が出てきた時に、意識的に、あるいは無意識的になんらかのあるわるもの、あるいは敵の陰謀のせいでこういう結果になったというふうに説明する」ものになります。俗にいう内的自己欺瞞と呼ばれるものの一種で、これの何が問題なのかというと、「自分たちの政治的な成熟度の不足を隠蔽するために」利用される点にあります。

また彼は陰謀論を述べる人やその影響を受ける人を、「政治的なリアリズムの不足」であり、「政治的な事象のリアルな認識についての訓練の不足」であり、「自分の無能力の告白」であるとまで述べています。自分の政治的成熟度の不足を相手の謀略によるものという説明だけで乗り切ろうとするということは、あまりに愚かで馬鹿げていてリアリズムに欠けているという話です。

丸山がここまで躍起になって陰謀論的な思考を批判していることに、驚かれる方もいかもしれません。彼がここまでこの話題にこだわり、批判的に見る理由はなぜなのかを少し紹介しておきます。これについては、歴史的に我が国がこういう馬鹿げた思考に没頭してしまって悲劇をもたらしておきながら、無責任にもその後でまともな検証をしなかった過去があるからです。

たとえば丸山があげているものに、「中共の陰謀」で日本政府の不手際を免罪にしようとしたり、許しを与えようとするエピソードがあります。日華事変（日中戦争の当時の呼称）について、日本政府は初めは不拡大の方針であったそうなのですが、みるみるその意図に反してどんどんと拡大していったという歴史的事実に対して、軍事専門家を称する人の説明がまさに陰謀論にのめり込んだものだったというわけです。言い換えれば、「日本の状況認識の誤りという問題」が、「すべて敵の謀略ということに帰せられてしまう」という典型例なのです。

また面白いことに、当時は「ウォール・ストリートの独占資本家が世界経済を全部あやつる陰謀をめぐらしている」という考え方も、並行して流行していたようでした。この様な「ある少数集団が自分たちの目的に従ってとても大きい社会をうごかしている」という考えが大真面目に受け止められていたと丸山は言います。

ところで、この様な話を聞いていると、あることに気づくでしょう。それは、これが過去の話なのかということです。もちろん、丸山は著書の中で「(このごろは以前ほどではありませんが)」と、今は戦前に比較して陰謀論の流行が低調であることを指摘しています。けれども、現代の我々の立場から読むと、全く違う景色が見えてきます。陰謀論の勢いは低減状態を継続していないのであり、むしろ過小評価できないところにきているということです。身近なところでいえば、本屋に行って政治関連の本で売れているものを拾い上げれば、必ず数冊はこういったものがあるというような状況です。出版社もそういった本が売れると理解しており、次々に送り出すという負のサイクルができています。

2　なぜ政治の領域で特に陰謀論が流行するのか？

ここで、陰謀論というものに対する理解をさらに深めるために、陰謀論が「政治の領域」でよく見かけるものとなる理由について見ていきます。というのも、「～の謀略だ」なんていうのが大真面目に受け止められるのは政治の領域くらいのものだからです。

これは経済領域との比較をするとわかりやすいものがあります。たとえば、あなたがある株式を買って損をしたとします。そのとき「～の陰謀だ」と述べたら周囲の人はどう思うでしょうか。「そんなことをいっても何の意味もない」といわれるか、「素人が株に手を出すな」といわれるのがオチです。これらの表現は異なりますが、いずれも自身の株式市場についての理解が不足しているということを指摘するものです。「そうだな。君は陰謀にやられている。証券会社に金を返してもらうように陳情しよう」などと同調する人は皆無でしょう。

では、経済において「陰謀」を叫べば相手にされず、政治において「陰謀」を叫べば、それなりに相手にされる理由はなぜなのでしょうか。これは端的にいえば、経済では前提となる常識が共有されているからだというのが丸山の指摘です。たとえば、経済では需給関係により価格が決まっていて、それに合意することで人々はあるものを交換しているという通念などがその筆頭例でしょう。もちろんこの需給論は批判すればきりがなく、普遍妥当的なものではありません。超法規的なものなどが出てくれば処罰の対象になります。ただ大事なこととして、原則においてそういう常識の存在が「ある」ということが共有されているわけです。そして、それを前提にしたシステムの中でまがりなりにもやりとりをしているという、共通理解が経済にはあるということです。前提認識の共有が経済では少なくとも政治よりもしっかりしているからこそ、「～の陰謀」という形ですべてをひっくり返すような説明は相手にされないのです。

それでは、政治においては何も前提となる常識はないのでしょうか。だからこそ陰謀論がまかり通るのでしょうか。これについては丸山の考えはノーです。丸山はむしろ今存在しているその前提を大いに批判している立ち位置なのです。彼が何を批判しているのかといえば、「動機や意図が良ければ全て良し」とし、結果を軽んじる考えです。

もしかするとこの批判のアプローチについて、新自由主義というイデオロギーが浸透する世の中にあっては、抵抗を持つものとなるかもしれません。しかし、個人と国家では求めるものが違うという話で、国家には徹頭徹尾、結果責任を問わないといけないということを丸山は強く強調します。問わなければ実態なき権威主義を是認することにもなります。そして、「致命的な政治的錯誤を犯した指導者に対して、この人もお国のためを思ってやったんだから、つまり、その人の動機が純粋なところから出たんだから、ということでその人を是認する、あるいは弁護するという風潮にもつながる」ことに、最終的にはつながってしまうのです。

良い心持ちでやったんだから多めに見てあげようという考えは、政治以外の領域であれば許されてもいいかもしれません。しかし政治の失敗は、国民の命を大量に失うくらいの影響力を持っている以上、繰り返しですが、徹頭徹尾、結果責任を問わなければならないのです。

３　陰謀論の台頭と民主主義の危機

ここまでの議論を整理すると、まず、状況認識の欠落によって生じた損害を免罪にしようとする陰謀論的思考は政治的思考の成熟度が低いところで繁栄するということです。そして、この政治的成熟度の低さに応じて、結果責任が最も求められるべき政治の無責任体質が、野放しになりやすくなると述べました。もちろん誤解なきように補足しておくと、ここまでの話は「陰謀」というのがこの世の中にはないと、述べるものでは一切ありません。重要なのはその陰謀なるものにやられたということが起きた時に、「陰謀だったんだ」と叫ぶのはみっともないし、それで責任はなくならないという話なのです。

ところで、陰謀論を放置しておくと何が起きるのかについて最後に触れておきたいと思います。一言でいえば民主主義というものが危機に瀕します。民主主義とは何かというと、単純な多数決とも混同されがちですが、近代の政治思想の流れの中では「少数派の尊重」を実現するものとして生まれてきたとされています。丸山もまたこの流れに位置すると思われ、「多数と少数との議論によるプロセスそれ自身を重視するか、それともその結果だけを重視するかということの違いになってくる」と述べています。これについて、そういう原則は初めからわかっていると思いがちですが、「具体的な事柄の政治的な判断になると必ずしもそうはならないところが問題だ」と彼は注意喚起しており、我々に頭ではわかっているつもりになりがちだと注意喚起をします。

要するに、我々は民主主義という価値観を重視するのであれば、競馬をやるような心持ちで社会的事象を見てはいけないという話です。そして勝った負けたという０か１００かで物事を判断するのは民主主義的ではないんだということです。この話を本項の話題に絡めると、陰謀的思考を持ってしまうと、この競馬に参加する思考で現象を処理してしまうということが起きるのです。その間に落ち着けるという民主主義は存在しないわけです。常に敵の謀略の有無に帰着してしまう、その無責任さと民主主義の衰退はシンクロしているのです。

こう考えると、あることがわかります。陰謀に原因を求める思考の台頭は民主主義がうまくいってない、民主主義で社会を運営していくことが機能していないということの現れだということです。なぜなら、ここまでの議論でもわかるように陰謀的思考は、自らの不手際や政治的成熟度の不足を認知的不協和でごまかし切るというものでしかなく、その発想に現実と向き合い着実に一歩ずつでも前に進めるという堅実さは一切ないからです。

では、陰謀的思考に我々はどうすればはまらずに済むのでしょうか。これは０か１００かという競馬的思考で物事を見ないということに尽きるのですが、具体的なアクションとして重要なのは、壮大なスケールで起きていることを非常にシンプルに説明してしまおうとするものについて、常に警戒を怠らないということになるでしょう。うまくいかないことや不都合な現実に真摯に向き合う場合、それがどんなものであれ「中共の陰謀」や「ユダヤ人の陰謀」という一言で論じることは、とてもできません。次へ向けた責任や反省をするならば、もっと分解して複数の角度からある不都合な事象と向き合うことは避けられないのです。

現実と向き合えない人ほど「中共の陰謀」や「ユダヤ人の陰謀」といってしまうし、いわれて納得してしまいがちです。そして、誰も悪くないことにしたり、誰も責任を取らないことにしたり、相手が卑怯だったんだと喚いたりと情けない姿を露呈してしまうのです。繰り返しですが、ある陰謀があったとしてもそれを要素分解しなければ、現実社会は前に進めないのです。

ところで、民主主義的な社会を守るために認識しておくべき重要なことは何かということも、逆に考えてみるとよく見えるのではないでしょうか。それは、自分たちが多数派ではない時に、意見や主張を諦めないことです。０か１００かでしか議論できないと、多数派の時にしか意見や主張ができないことになります。しかしながら、自分たちが民主主義社会の住人だと標榜するなら、この発想はいただけません。数で勝っているから勝利、数で負けているから敗北という発想は陰謀論的思考とそれほど大差がありません。実は、丸山がこの文章を書いた戦後間もないころも、いろいろな権利主張や反対運動に対して、結局は与党の言い分が通っるのだからどうしようもないという意見がそれなりにあったようです。それは安保闘争や原水爆反対運動やら国論を二分するようなものも含みます。

ですが、向こうの数が多いからその運動をしても意味がないのか、反対した意味がなかったのかというと、明確にそうではないというのです。「悪法が通った、盛んに反対したけれども結局通っちゃった、通っちゃったら終りであるという考え方。これは終りじゃないんです」と、彼は力強く述べます。通ったら諦めるのではなく、次は悪く運用されないようになお努力し、最終的には撤廃、撤回されるようにやっていくんだと述べているわけです。

これが意図するところは、「反対する力が強ければ強いほど、その法が成立する過程において抵抗が強ければ強いほど、できた法の運用をする当局者は慎重にならざるをえない」という、彼の考えに依拠することができます。たとえば、破防法という反共のための悪法といわれた法律ができたのですが、これが現実には適用されてないから、全然危なくなかったじゃないかという議論があると。しかし彼は別の見方をしていて、凄まじい勢いで国民が反対したからこそ、責任者の側が運用できなくなっていたというのが実態ではないかというのです。

直近でも、違憲や悪法だといわれたりした法律がいくつもできました。そして、それに反対運動が起きたことに対して、「意味がない」と述べた人も多くいました。またそれが通った後、何もなかったことをもって、あの法律は問題なかったと述べられることもありました。しかし、これらはいずれも間違いなのです。とんでもないことが起きないのは、その法律がいいからなのではないのです。最後まで抵抗する力が一定の力を持ち、そのことが運用の段階でストッパーになっているからなのです。

陰謀的思考を持つ人ほど、こういった地道な反対運動、抗議運動を嘲笑しがちですが、現実を見ているのはいつも地道に活動する人たちなのです。

第4章　戦後日本の思考停止の起源 ――『忠誠と反逆』

「日本人は……だ」という論評は今も昔もありますが、その中に批判的な文脈で語る場合に、「日本人は、お上にならえの意識がすごく強い」ということがよく述べられます。そして、その源泉は戦前にあると述べるものもあれば、もっとさかのぼり武士の時代の将軍と臣下の関係性に求めるものもあります。こういった議論が様々ある中で、丸山眞男も日本人の「お上にならえ」のルーツに関する分析を行っています。こちらを本論では紹介しつつ、それに関する現代日本の課題を見ていきます。取り上げる論文は晩年の著作『忠誠と反逆』です。

こちらで丸山は、「忠誠」と「反逆」という概念を通して歴史を見ることで、日本の思想史を別の角度から見てみることができるとするチャレンジングな試みをします。そしてこの論考を通して、戦後日本でいっそう進行したとされる「飼い慣らされた日本人」を批判的に捉えるものになっています。一般的にこの「お上にならえ」という発想はルーツがかなり昔、武士の時代にまで遡ると思われる方もいるかもしれません。しかし、ただただ、上に付き従うという発想は近代以降に主流的なものだというのが丸山の主張を理解する上での最大のポイントになります。

1　封建時代とそれ以後での断絶

まず、「お上にならえ」という意識の源泉はどこからきたかについて、結論からいえば、「官僚の精神」が歴史的に国民レベルで徐々に刻み込まれていったことにあるだろうとしています。ここでいう「官僚の精神」は、官僚という職業につく人たちに醸成されるものという意味ではありません。もちろん、そういった職域に属する人も「官僚の精神」を持っていることは往々にしてありますが、それ以外にも社会的分業や専門化が進むことにより広く国民に広がるものです。

丸山の考えでは、その集大成がある意味では戦後日本の現状であると述べているわけで、その進行によって、公的問題への無関心や盲目的服従のような形で現れていると言います。これは批判的態度を醸成する「反逆」の態度を喪失し尽くした帰結だという形で著書では表現されています。

また、この「反逆」の態度を喪失した現状が引き起こすものについて同時に重要なことがあります。それは、社会に対する「忠誠」の精神も失ってしまうというものです。「忠誠」と「反逆」というのは行動として対立するものではあるのですが、両者が互いに独立したものであるわけでもないと丸山は考えています。

この議論は重要ですので、少し掘り下げたいと思います。丸山の議論を理解する上で重要なこととして、今あげた戦後の思想的課題の象徴ともいえる「精神の官僚化」に対して相対するものとして「封建的忠誠」という概念があります。これはとくに武士の時代に醸成されたものと彼が位置付けるもので、「武士的結合の本質が、主人と従者との間の、どこまでも具体的＝感覚的な人格関係にあり、忠誠も反逆も、そうした直接的な人格関係を離れて『抽象的』制度ないしは国家に対するものとしては考えられなかった」という文章にうまく要約がなされています。

ここでおそらく一つの疑問が出てくるでしょう。それは武士の主従関係を作る「封建的忠誠」も、上に強く付き従い、時には主君のために命をかけるという点において、「お上にならえ」という官僚の精神と同じではないのかというものです。

これに対して答えるならば、丸山にとって違うからこそ「忠誠」という言葉と同時に「反逆」という言葉をこの論文のタイトルに与えているわけです。この話の理解を進めるにあたって一つ重要なキーワードとして「謀叛（むほん）」という言葉があります。ただし、重要なのはこの言葉の意味というよりも、この言葉が帯びているネガティブな性質にあります。どういうことかというと、現代の人は「謀叛」という言葉を聞いた時に、ポジティブな意味を見出す人はいないと思うのですが、この言葉にポジティブな意味を見出せないと感じること自体が、近現代以降の官僚の精神の普及ぶりをうまく表しているという話なのです。

もしかすると、「謀叛」について昔から問答無用で悪とされ、それを起こしたものは重罰とされたに違いないと我々は思うかもしれません。もちろん、首謀者にあたる人間には重罰に処されることは多かったかもしれません。しかし、丸山は当時の法体系を見ていくと、我々の時代劇などからイメージするようなものとは異なる秩序であったことが見えてくると指摘するのです。たとえば、彼は「貞永式目だけでなく、封建法一般において謀叛罪の規定が簡素で、多くを具体的状況判断に委ねている」ということを紹介しています。「謀叛＝完全悪＝死罪」と予めしていないというところが、我々のイメージとは違うことでしょう。しかし逆にいえば、このことに「封建的忠誠」を理解するエッセンスが詰まっているのです。

誤解してはならないのは、この話が「謀叛」が善だということを意味するものでもなければ、無罪であったということを意味するものでもないということです。議論のポイントは「封建的忠誠」と表現される「主人と従者との間の、どこまでも具体的＝感覚的な人格関係」をもたらす源泉が「忠誠」だけでなく、「反逆」の精神も同時にあって初めて成立しているということなのです。

だからこそ、彼は「われわれの国の『近代化』は、『封建的忠誠』とその基盤を解体させることによって、同時にそこに含まれたかぎりの『反逆』のダイナミズムをも減衰させて行った」ところに、一つの本質があるのではないかという切り口を紹介しています。彼のいう「近代化」というのは大政奉還という「点」で説明するものだけではなく、精神史という観点から見ればじっくりと長い年月をかけて進行していくものだと考えていたようです。

丸山によれば「封建的忠誠」という内面的規範をベースにした社会は、江戸時代に入ってからどんどん弱体化していったといいます。なぜならば、先ほども指摘をしたように「封建的忠誠」という形での主従関係は、戦による死を常に意識する運命共同体であることが大きな前提であったからです。それゆえに、死を常に意識するような戦乱の時代を終え平和になると、この封建的忠誠の結びつきは維持不可能なものとなっていきます。丸山は、「徳川三百年の『文治』主義と『天下泰平』とは武士の家産官僚化を広範に押しすすめ」たという形で表現しています。徳川時代というのは、「武士の存在形態の変質と封建的階層性の全国的な系列化」を幕府側が行い、「社会的結合のベルトを、主従の『契』や『情誼』といった直接的人格関係に放置することを許さなくなり、…（中略）…古典中国に由来する組織のカテゴリーが大規模に登場し」たというのです。

ここで湧くであろう一つの疑問について答えておきたいと思います。それは、ここまでの話はあくまで武士の話であり、それ以外の階級の人もたくさんいたのであるから、武士の変遷を描くことで何が言えるのか？　というものです。これについての丸山の見解は、江戸時代における武士の役割を考えることで一定の回答が出せるといいます。つまりは、「農・工・商の庶民は『利を知って義を知らざる』――つまりその自然的態様においては基本的人倫の外にある――存在とされることによって」、逆に、武士が「民を不断に『教化』して人倫に組み入れ泰平を維持する」ということをしなければならない存在として、存在意義が確認されるということです。

単なる武器を特権的に持つことが許された人たちというわけではないことの裏付けとして、別の切り口での説明も紹介がされています。百姓一揆が起きた場合の対応です。この場合、一揆を起こした人間を全員牢屋に入れるのかというと、そうではなかったというのです。「無論直接の首脳部はみせしめの意味で峻厳に処断されたけれども、他方において領主や代官は、事実上貢租のノーマルな収取に失敗したという現実的理由からだけでなく、日頃の『教化』の実があがらなかったという道義的責任の観点からして、改易・罷免などの処罰を受け、一揆の原因となった規定も改廃されることでケリがつくのが普通であった」とあるように、武士たちは内面的規範を埋め込むことができなかった管理監督責任のようなものを問われたという内幕があるのです。

2　転形期を精神（自我）の観点から捉える福沢諭吉と内村鑑三の議論

この江戸時代に徐々に職業としての武士になっていく過程が、精神史における「近代化」であるところがここまでのポイントでした。ここから、今日に至るまでその近代化は一直線で行ったのかということについて、丸山の議論を紹介します。結論から言うと、そうではなかったと彼は考えており、「封建的忠誠」と「官僚の精神」のぶつかり合うタイミングが幕末から明治の初期にかけてあったという話です。実はこの議論を見ていくと、丸山が福沢諭吉に入れ込んでいる理由もよく見えてきます。福沢はこの精神史における二軸のぶつかり合いを捉えていた人物として紹介されます。

丸山の論考の中で、福沢諭吉という人物は近代以降の「官僚の精神」を批判的に捉える象徴として登場します。例をあげると、ある切り口では「福沢の第一の強調点は、名文論に基づく忠臣と逆賊のアプリオリな、または自然法的な区別の否定である」と指摘しています。これは、福沢が「苟も政府の名あるものは顚覆す可らず、之を顚覆する者は永遠無窮の国賊なりとせば、世界古今何れの時代にも国賊あらざるはなし」と述べたことを紹介しつつ、仮にあらかじめ国賊を定義しようとすれば、多くの歴史上の英雄とされている人（足利尊氏などがその典型例）も既存の体制への忠誠を放棄し反逆行為をしているから国賊となるであろうというわけです。

また、別の切り口では、福沢は「官僚の精神」に潜む「大義名分」という名を借りて、「唯黙して政府の命に従ふに在るのみ」という、本心を隠している人を批判的に見ていることが紹介されます。なぜなら、そういう人物は西郷隆盛を国賊としつつも、先の戦に勝利していれば彼を英雄と持ち上げていたような軽薄な人間だっただろうからです。

では、当の福沢自体は歴史的判断において何を重視したかというと、「『人民の幸福を進むる』かどうか、という『功利主義的』価値におかれた」と、丸山は評しています。それを裏付けるエピソードとして「維新の変革を王朝的正統性によって基礎づける」という考えを一貫して否定した一方で、幕藩体制の崩壊自体は肯定したというものがあげられています。ただし、その功利主義的な結論は実際の歴史においてはそう簡単に出されたわけではないのです。

福沢が「歴史的変動の渦中で見たものは、たんに昨日の賊軍が今日は官軍となり、今日の義士が明日は奸賊のレッテルを貼られるというういわば巨視的な事実だけではなかった」と。だから、彼は「このあわただしい転変のなかで人間の社会的適応のさまざまの姿を―一挙にルーティンを破られた社会的大群が激流に浮沈しながらそれぞれ自我の生き方と拠り所を必死に模索するさまを、痛切な感慨を込めて凝視した」のです。その結果として、大義名分や天下の大勢、勝てば官軍といったものがいかに事実であろうと、「自我の次元において忠誠転移の根拠となること」は認められないという結論を出すわけです。要するに、歴史的事象の変化と人間の精神における受け止めの変化には違いがあって当然であり、それを後の人間が安易にひっつけて考えるというのは危険であるし、勝てば官軍という教訓を導き出して終わりということになりかねない意味で危険であるのです。

そして、この結論に基づき、「家産官僚的大義名分論から疎外され現実の主従関係から遊離した廉恥節義や三河（戦国！）武士の魂を、私的次元における行動のエネルギーとして、客観的には文明の精神（対内的自由と対外的独立）を推進させようとした」と丸山は述べ、そのことが『学問のすすめ』や『文明論の概略』における福沢の呼びかけの動機にあると見ているのです。「封建的忠誠」というものを守ろうとしても勝手に滅びていっている以上、守れるものではない。しかし、これが持つ自我を強く支える力をなんとか次の時代に引き継げないかということを模索したという議論は非常に興味深いものがあります。背景には、福沢としては中長期で見た場合に、既存の秩序へ恭順する無気無力な人民がたくさん出てくることは翻って、国民国家への忠誠を期待できなくなる可能性を見ていたのではないかとも、丸山は指摘しています。これは追従や服従と、冒頭から触れている忠誠はまるで異なるという話です。

なお、福沢のほかにも似たような人物がいたということを、丸山は紹介しています。それは自由民権運動を行った人たちも複数いるのですが、とくにあげなければならない人物として、内村鑑三がいます。彼は福沢と根本的なところは共有しつつ、「信仰の立場から身を以って国家的忠誠の問題と正面から対決し続けた」という点で、独自性を持つ人物として紹介されます。内村は、時代の流れの中で崩壊に向かった「封建的忠誠」の代わりに台頭したものを、「イエスのため」にある自我とぶつけ合うということを試みた人物として描かれます。つまり、内村鑑三とは、「人類愛か祖国愛か、世界主義か国家主義か、国家主義か個人（人格）主義かというような択一」で分類できるところに位置する人物では捉えられないということです。あくまで内村の中では、「相闘っているのはどこまでも日本と日本であり、神の限りない恩寵と栄光の下にその天職を果たすべき日本と、腐敗と虚飾と偽善に満ちた日本と、この二つの『日本』に同時に離れがたく属しているという内面的意識」があるのでした。これが彼の忠誠観となるわけです。

今でも日本や日本政府の現状を批判することに対して、「反日」「国賊」「非国民」とレッテルを貼って非難する人がいますが、これはまさに内村の述べている内面的意識がない人たちであるといえるでしょう。勝馬に乗ろうとする軽薄な根性そのものなのですが、内村は当時そういった現状に恭順であるだけの人間に非国民扱いされたというエピソードが実際にあるようで、歴史は繰り返されるということを強く感じます。

「封建的忠誠」との絡みで内村についてもう少し掘り下げてみると、内村には「謀叛の積極的意義を強調する」という側面があったと、丸山はいいます。それは北条政府に背いた楠木正成をはじめ、さかのれば釈迦はバラモン教から破門された人であるし、キリストですら謀叛者だったということなどを念頭に、大なる人物で謀叛者でないものを探す方が難しいとまで述べます。実際、内村の傾倒したキリスト教についても、「明治初期においてはキリスト教に入信すること自体が多かれ少なかれ『世間』にたいする反逆と独立の決断なしには行われなかった」と紹介されており、入信すること自体がすでに謀叛的な色彩を持っていたのです。だから、当時は内村以外にも元幕臣などが多数キリスト教に入信してきたのは偶然ではなく、壊れゆく武士のエートスともいえる「封建的忠誠」からの避難先として、キリスト者の行動様式はありがたいものだったのでしょう。

最終的には、内村は「どこまでも神においてある人間と自然的人間」との間で生じる摩擦を苦しみながらも、神との関係性を意識しながら自我を維持するという、日本ではユニークな忠誠観を著作において示していったと、丸山は評しています。

3　20世紀の悲劇

しかし、福沢や内村の思いも虚しく、現実社会ではそういった自我の葛藤にもとづく規範的な意識の醸成は、多くの人には訪れませんでした。むしろ、逆の方向に向かったと丸山は指摘しています。そうなった要因はいくつもあります。

たとえば、皇室を頂点とした国家を建設するために、すべての人が全体主義的に絡めとられる施策を政府がいくつも打ったというのが一つにはあるでしょう。それは抽象的なレベルでは「家族主義」「忠孝一致」などのスローガンが作られ宣伝がなされたことがあります。具体的なレベルでも「国民道徳論」が登場して、修身教科書の全面的改訂が行われたことなどは事象として大きいだろうと、丸山は指摘します。

ほかにも、時の流れがそういう傾向を強化したというものもあります。たとえば、「封建的忠誠」を知っていたような人間たちの多くが、たちまち新時代の社会に吸収されていったことがあります。寄生地主になったり、都市における新中間層として系列化されていき、順応していったわけです。

また、それに加えて時代を追うごとに、封建的忠誠との葛藤が存在した人たちが社会の中枢からは年齢的に消えていき、「明治の後半期には、皮肉にもその伝統のなかのサムシングが大量的に社会感覚から消えていたばかりでなく、まさにそのこと自体を…（中略）…鋭く見抜く眼が社会的に少数になっていた」というわけです。そして、国家の暴走に抗い止めることが悲劇をもたらすまでできなかったのです。

さて、丸山はこの反省を受けて我々にどうすべきであると述べたのかという話を、最後にしておきたいと思います。これについて結論からいえば、答えは置かれていません。『忠誠と反逆』は晩年の作品なので、本当はまだこの続きを書きたかったのであろうなということが読み取れる内容となっています。しかしそれが叶わなかったといった方がいいのでしょうか。

ですから、今の時代を生きる我々にその続きは委ねられているのです。一応、ヒントとなるものは残しているように思います。それは「封建的忠誠」という日本の伝統をそのままでは無理ではあっても、何か思想的に回復を図れないかということの検討に尽きるでしょう。『忠誠と反逆』の最後では「封建的忠誠の『ネガ』を『ネガ』のままに美化したり、排撃したりするのが問題なのではなく、われわれの今日の責任と行動において『ネガ』像から『ポジ』像を読み取ることが問題なのである」と述べてあります。だから例えば武士の世界に社会を戻そうといった復古主義ではないということです。

ところで、丸山のこの『忠誠と反逆』は、彼に対するイメージを変える作品ではないでしょうか。一般に丸山眞男は近代主義者だとか左翼だとか言われたりもするものの、本著作からは新渡戸稲造の『武士道』に近い感覚を持ち、その時代に現代に活かせるものはないかと考えた保守主義者に近い部分があったのです。著作の一部だけを読んで丸山を評価することの危険性を学べる作品ではないでしょうか。

第5章　政治との関わりで最も重要なこととは何か?
――『現代における人間と政治』

「政治がうまくいっていない」

そういった考えを持つ人が日本は今非常に増えていると思います。これは、ある意見に賛成かどうかとかに関係なく直面しているものではないでしょうか。とくに、日本の政治における長らくの閉塞感というのは、何かやれば解決するという感じでもありません。一方で、悪い方向に行きそうな気配というのだけは盛りだくさんですから、それなりの人が社会に対して不安を抱いているることでしょう。そういうご時世の中で、ここでは丸山眞男の思想の中でも、政治に対する正しい向き合い方に関する『現代における人間と政治』を紹介しつつ、日常における政治問題への関わり方を再検討できればと考えています。

1　現代社会に関する諸前提

まず本論をより理解する上で、丸山が現代社会をどういう時代だと考えているかを紹介します。これは2段階あり、第1段階としては世界に「転倒」が起きているという捉え方です。彼の世界に対する理解は丸山のいうところでは、チャップリンが自身の映画作品で描こうとしたことそのものだといいます。これはどういうことかというと、たとえば人間と社会という関係から考えるとわかりやすいかもしれません。どちらが先に存在したかを考えると、人間なきところに社会がないわけですから、人間というものは社会に対して主導権を握ってきたはずです。しかしながら、今の時代はそうとも言えなくなってきているという話をしていて、社会の側が人間に与える影響を大いに強めており、そのことに我々が無自覚なほどに社会というものが巧妙に我々に働きかけてきている、コントロールをしてきていると指摘するわけです。

チャップリンはすでに20世紀の早い段階で、マルクスが指摘したような人間と機械の関係に転倒が生じていることにとどまらず、さらに進んで、テクノロジーが人間の深層心理までコントロールしようとしてくるところまで見抜いていたようなのです。その意味するところとしては、「『プロデュース』とは現代では価値の生産ではなくて、なにより価値の演出なのである」と丸山が述べているように、我々の自由意志の多くは広告や宣伝によって作り出されているという話になってきます。この広告や宣伝の技術がより高度化すれば、我々はさらに自由意志を失っていくだろうと予言しているわけです。今日における広告技術の発展は丸山の時代以上にめざましいものがあり、我々の方が感じるところは多いかもしれません。

続いて第2段階で、そういった倒錯した世界を異常とみなすことができない人がほとんどであるという捉え方です。「倒錯した世界に知性と感覚を封じ込められ、逆さのイメージが日常化した人間にとっては、正常なイメージがかえって倒錯と映る」と丸山は述べています。要するにチャップリンは、ここを「笑い」に変えて異常さをなんとかして伝えようとしたということです。

ここで一つツッコミが入るかもしれません。それは、我々の住んでいる時代はもうあの時代とは違っている、あらゆる出来事に対する反応が、１９３０年代の暗い連想と結びつく考え方からいい加減に訣別しようではないか、というものです。何でもかんでも戦争があった当時の事にたとえる、ナチのことにたとえる、そういうのは芸がないのではないかということです。そういう声は今の社会世相における批判的言論でもよくあるでしょうから、この考えを抱く人が出てくることは無理もないでしょう。

しかし、あの時代の反省がないがゆえに、戦後の社会空間と戦前それとは、それほど根本のところで変わっておらず、取り上げざるを得ないという見解に丸山は至っているのです。それを裏付けるものとして一つの例を彼はあげています。広島への原爆投下に関与したイーザリーという人物がいます。この人物は戦後その自らの過去を悔いるあまり核兵器反対運動を生涯にわたって行うという方針転換を見せたのですが、その転換によって社会からどう扱われるようになったかが興味深いのです。徹底的に「狂人」扱いされ、精神医学者の証明付きで精神病院に入れられたというのです。一方で、トルーマンという原爆投下時のアメリカ大統領は、戦後は原爆投下の自己正当化に明け暮れた人生を送りました。しかし、彼が精神病院に入れられることはありませんでしたし、罪を問われることもありませんでした。どちらが正しいのかと考えたときに、トルーマンを正常としイーザリーを異常者とするこの社会を、倒錯しているといわずになんというのかというわけなのです。これ以外にも似たような例はあるのですが、大事なのは倒錯した世界をそうだと見れない人は戦後になろうが戦前になろうがたくさんいるので、そもそも戦前と戦後で時代の分断があり、「過去のもの」と考える合理性はないという話です。

２　倒錯に気づけないこの世の中でどうするべきか

さて、ここまでをまとめると、我々の社会は転倒の時代であるにもかかわらず、それが起きているという認識が全くもって一般的とは言い難いことを述べてきました。続いて、これを足がかりに考えたいことがあります。それは、そういう転倒した世の中で我々に何ができるのかということです。

ある人は、正しい事はこうだと述べながら、「君たちはだまされている」といい説得を試みるかもしれません。またある人は冷笑的に社会から退避し、現代社会のおかしさや大衆のバカさ加減を酒のつまみにしてせせら笑うかもしれません。

丸山はそのいずれでもありません。では、彼のなかではどういう形で理解しているのか。これは端的にいえば、権力の影響力が及びうる範囲とその外の中間地点に身を置くというものです。これは言い換えれば、何かに心酔する人たちと距離はとりつつも、その内部との接点を取れるところには身を置くというものです。

重要なのが、ある意見に対抗するというところにおいて鮮明に反対を打ち出せば、あとはその正しさを伝えるべく宣伝の力を磨けばどうにかなるわけではない、という彼の発想にあります。これは差別化をはかるというマーケティング的な政治手法が深まる現代社会でも、非常に多くの人にとって示唆的なメッセージであると私は考えています。彼がその考えに至った経緯について少し掘り下げましょう。

該当の考え自体は、我々がナチについて、「権力統制、苛烈をきわめた弾圧と暴行、網の目のようにはりめぐらされた秘密警察網と息が詰まるような市民相互の監視組織、さらには強制収容所におけるほとんど信じがたい残虐行為」をしていた勢力に賛美を送ったドイツ国民の映像を前にして抱く疑問から生まれています。その疑問というのは、「多くの一般ドイツ国民はナチの一二年の支配をどういう気持ちですごして来たのか、その下で次々とおこった度はずれた出来事をどう受けとめて来たのか」というものです。

これについては、今もいろいろな回答があります。ドイツ国民の多くがそのことを知らされていなかったというもの、ナチの巧みな宣伝により隠蔽されていたというもの、全員がアイヒマンのように意図せず悪に加担していたというものなどがあります。それらについて丸山は否定せず、そういう側面があったであろうことは認めています。

しかし、これらは一面的だと彼は考えています。これは今に置き換えると、中国共産党が統治する中国に対する我が国の多くの人の認識に置き換えるといいかもしれません。中国共産党というと言論や人権を弾圧し、大衆を恐れ慄かせるような集団であるということがいわれ、中国国民は不幸そのものというつることでしょう。実際その側面があることは否定しません。しかし一方で、その側面があったとして十何億にも及ぶ人口を今日に至るまで何十年と恐怖だけで統治できるのかということなのです。

丸山は、まさにナチについて同じことを述べています。どれほど彼らの戦略が成功していたとしても、多くの普通の仕事をもった普通の市民の生活と感覚は、ナチの親衛隊と同じにはならなかっただろうというのです。むしろそうではなく、我々の住む世界がナチになったという見方をするのがいいだろうということです。そして、「その世界の変化にたいして彼等は、いわばとめどなく順応したのである」というのです。

これは言い換えるならば、ナチは権力掌握後に世界を高速で作り替えていったことが他の諸体制と比較してよく論じられますが、そうではないと。外側から見ると高速に転倒した世界に変わっているように見えても、内部で見ればそうではなかった、少なくともそこにいた人たちにはそうは思わなかったのではないかということです。

実はこれに準ずる話をしているのが、カール・シュミットというナチの後押しをした学者として戦後に投獄もされた人物なのです。彼の話では、ナチの12年にわたる支配は、「恐るべきテロルと、巨大な技術的手段を駆使した完璧な組織的統制」により、一国民全体をどこまで徹底的にコントロールできるのかという実験場だったようなのですが、その結果は、政治権力の無限の可能性ではなく限界が見えたというものだったのです。

たしかに、「ラジオ・新聞・街頭の拡声機から流れ出す『世界観』の洪水があり、雨と降る布告や法令の氾濫があり、そしてこれにおうむのような極り文句で呼応する人民の斉唱があった」ということは間違いないわけです。しかし、シュミットというフィルターから見ても、「このおそろしく単調で無味乾燥な騒音と規律の世界の下には、自らの伝統的な矜持と自らの不可譲の自由と、自らの『守護天使』さえ持った、教養と内面性の領域が頑強に保護されていた」と捉えられており、政治権力が全てを覆うことは結局最後までなかったというんです。

実際、これは今とも通じる話なのですが、「本当に権力と歩調を合わせて太鼓を叩いてたのは、少なくも学者、芸術家、文筆家の中では三流、四流の人物であり、いくらかでもましなインテリはみな表向きと内面との二重生活をしていた」というのが、当時のドイツの実像ではないかとも丸山は述べていて、シュミットもまた長きドイツの個人主義の伝統が十数年の政治権力行使により木っ端微塵になるものではないと考えていたようです。

また、別の切り口から興味深い視点を紹介しましょう。ニーメラーというナチに対して批判的だった人物も、実は根元の部分でシュミットと同じ感覚を共有していたという話です。どういうことかというと、ニーメラーといえば神学者として「ナチが共産主義者を襲った時…」で始まる有名な言葉を残した人です。これは自分の近辺に実害が及ぶまで抵抗を示そうとしなかったが、いざそのタイミングになって抵抗しても手遅れだったことを伝える趣旨の文章です。この文章からは一般的に、我々はなるべく早期に抵抗することを教訓として引き出すのが通例です。ただ、丸山の読み方はそうではありません。この文章は「あの果敢な抵抗者として知られたニーメラーさえ、直接自分の畑に火がつくまでは、やはり『内側の住人』であった」と捉えなければならないというのです。

これが意味することは何か。やや図式主義的ですが、我々には世界が２つあり、そしてその１つを構成する「『私的内面性』が、われわれの住んでいる世界を評価する機軸としてはいかに頼りないか」ということなのです。

そして、このことを前提にすると、全体主義というものへの見方も少し変わります。全体主義とは一つのものに対して、全員を動員するといったような理解がなされます。実際、特定の方向に国民を向けるという意味では間違いではありません。しかし一方で注意すべきは、みんながみんなそっちに積極的であったり、消極的ではあれ加担してしまったりという形で全員が一つにまとまっていったわけではないということなのです。

「グライヒシャルトゥング（強制的同一化）」というドイツ語がありますが、これの意味について丸山は、「正統の集中であると同時に異端の強制的集中を意味する」と述べるのです。そして、それが成功する度合いにしたがって、「正統」と「異端」の交通は困難になるのです。もう１つの特徴としては、当初から「正統」や「異端」である領域に位置する場合はそれぞれの作り出す「イメージの自己累積による固定化が甚だしく、逆に、二つの世界の接触する境界地域ほど状況は流動的である」のです。

ここからの話が重要なのですが、「支配者にとっての問題は、いかにしてこの異なったイメージの交錯に曝された辺境地帯の住人を権力の経済の原則にしたがってふりわけて行き、両者の境界に物的にも精神的にも高く厚い壁を築き上げるかということ」にあるのです。要するに、積極的にある権力対象に迎合するものと批判的なものの間の交通を破壊することと、両者の中心からは離れている曖昧な状態にある人を徐々に内側に引き入れようとすることが、全体主義だというわけです。重要なのは、全体主義的支配者は、自らに徹底して批判的なものたちを自分たちの方に引き入れようなどということは微塵も思ってないということです。この構図のなかで、徹底して批判的な態度をとる「外部の人」というのは、曖昧な状態にある人の引入れの過程で、間接的に孤立感を深めやすくなるしかありません。分断が対象を批判する人たちにとって、相手への理解をどんどんと不可能なものとしていくわけです。

ところで、曖昧な状態にある人はなぜ権力の正統の側に引き入れられたのかというと、それはプロパガンダが巧みであることもあるのかもしれませんが、先ほども触れたように強硬で熱狂的な支持者は実際にそこまで多くはありません。『『おのれの安全性』のためにそうしたのであり、知識層が『私的内面性』にたてこもったと同様に、大衆は大衆なりの日々の生活と生活感覚を保持した」のです。

3　イデオロギーの批判をしても意味がない

さて、結局これらの話を通して丸山が何を訴えているのか。イデオロギーというものを過大評価するなということです。たしかに、イデオロギーは物事の判断を左右する力を持っているのは間違いありません。しかし、そこに眼がいきすぎると、「イデオロギーと宣伝の次元にあまりに比重をかけてその世界の様相を眺めていることに気づくであろう」というわけです。この思考をしてしまう弊害として考えられるのは、たとえばナチの問題にせよ戦前の軍国主義体制にせよ、「特定の国の特殊な歴史的状況にだけ限定され、現代の人間にたいして投げかけている普遍的挑戦の意味が見失われてしまう」ことにもなりえます。

これは私の感覚としても理解できる切り口があって、左翼だから危ないとか右翼だから危ないという議論もあるのですが、そのいずれでもないような政治勢力が台頭してきているというようなことがみられます。特段何かイデオロギーともいえるようなものがあるとは思えないということですね。しかし、政治分析においてイデオロギーの影響力を大きく見積もると、分析対象がいかなる政治的イデオロギーを持っているのかの分析に多大な労力が割かれる一方で、特段それを終えた後で得られるものがないみたいなことになるわけです。

また別の切り口で考えてみると、イデオロギーの存在を過大評価すると、マスメディアこそが諸悪の根源といったような安易なマスコミ批判にもなりやすくなるかもしれません。なぜならば、マスコミが特定の判断原理を埋め込む装置だと、メディア批判では理解されているからです。

しかし、シュミットやニーメラーが思想信条を超えて認識した通り、プロパガンダが最大級に力を持ったとされる時代でも、政治権力がイデオロギーとその宣伝ですべてを覆うということは不可能だったのです。

宣伝というものは機能として、「その意図も効果もむしろ対抗宣伝の封殺、あるいは好ましからざる方向からの通信、つまり『雑音』の遮断という点にある」わけです。誤解してはならないのは、メディアに問題がないということではありません。そうではなく、メディアを通して行われる宣伝には大きな流れとして生じている分断をより強化することがメインだということです。

思想信条を超えて認識すべきは、「現代における選択は『虚構の』環境と『真実の』環境との間にあるのではない」ということから、「さまざまの『虚構』、さまざまの『意匠』のなかにしか住めないのが、私達の宿命である」ことを強く自覚することです。それを強く自覚できないと、「自己の立地を知らぬ間に移動させてしまうか、さもなければ、自己の内部に住みついた制度・慣習・人間関係の奴隷になるか、どちらかの方向しか残されていない」ことになるわけです。

こうした議論を経て、最終的に丸山が現代における政治との関わりで最も重要だと述べているものを最後に触れておきます。一言でいえば、「正統」と「異端」いずれの中心ではなく、両者の境界に位置することになります。これはイメージとしてはそうだよねということはわかると思いますし、それを否定するものはいないでしょうし、自分自身がそうだと考えている人も多いでしょうし、当たり障りのない話だなと思うかもしれません。

しかし、ここまでの話をふまえて具体的に考えるといろいろと見えてきます。少なくともこの境界線にいるということは、特定のイデオロギーに則り特定の世界観の押し付けを行うものでもなければ、自らのうちに退きこもり冷笑的になることでもありません。「境界に住むことの意味は、内側の住人と『実感』を頒ち合いながら、しかも不断に『外』との交通を保ち、内側のイメージの自己累積による固定化をたえず積極的につきくずすことにある」と、丸山はいいます。これは政治信条として焼き直すとすれば、あらゆる体制や組織は辺境から中心部への批判や反対によるフィードバックがなければ腐敗するということです。このことをふまえれば、「反対しても意味がない」「批判ばかりするな、対案を出せ」という批判は、境界に位置するものの発想ではないということもわかるでしょう。

境界に位置するということは、おそらく体制側にいる人からも反体制側にいる人からも「無責任」と見られるかもしれません。しかし、「無責任だ」と言われることを恐れてはなりません。それを恐れては、自分にとって利益があるかどうかや、あるイデオロギーが正しいか正しくないかの二者択一での思考に走ること、自分の内側に退きこもることになるからです。別の切り口からいえば、ある方面から来る「無責任だ」という批判は、しばしば『権力装置を基本的に維持しようという意識的、無意識的な欲求が潜んでいる』にすぎないことも認識しておく必要があります。

他者をあくまで他者としつつも、相手の立場を通じてそれを乗り越えるこれこそが人間が手に入れた「知性」の機能であり、自らが正しいと思うものに浸ることは、それに対立するもの実感を完全に見失うことを意味するわけです。境界に立つということ、その難しさを噛みしめながら、自分なりにそれを体現するべく努力できるかが一人ひとりに問われています。

第6章　これからの時代を見定めるための3つのキーワード
――『現代文明と政治の動向』

　先の見えない時代、これまでになかったことがある時代……そういうことがいわれることが日常化している時代に入ったと昨今よくいわれています。では、我々はただ訪れる不安定さになすすべなく受け身であるしかないのでしょうか。その必要はありません。

　もちろん、未来の預言者になることは誰もできません。しかし、細かい木については見れないまでも森に見当をつけることは可能だと丸山眞男は述べています。『現代文明と政治の動向』という小論文で、彼は今の時代やこれからの時代を占ううえで極めて有益な示唆というのを与えてくれています。本章ではこれを紹介します。

　本題に入る前に、彼は我々がこれからの時代を見定める上で大前提として押さえておくべきことを伝えます。それは近代以降ずっと潜在的にはともにあり続けてきた問題なのですが、専門的な分業化というものが社会全体で進行し、我々は「総合的な人間性を失って、いわば部分人となってしまう傾向が」あるということです。この広い視野で物事をとらえるというのは、言うのは簡単ですが実践することは時代の性質上どんどん難しくなっています。なぜなら、分業的な社会になっていくという大きな流れ自体が、視野を狭めてしまうからです。

そういった我々の状況に対して、ミクロに向かいがちな視点を今一度戻し、「何十年、何百年後から現在という時代を振り返ってみる時、それがどういう時代になるか、…（中略）…そういった、いわば現実と一定の距離を意識的に保って現在の状況を全体としてつかまえる努力を」することが重要なのです。そうすることで、難しいなりにちょっとした方向感覚を得ることができるのです。

１　道標となる３つの指標

丸山の述べる現代政治の大きなトレンドを作り出すものとして挙げられている３つのテーマをみていきましょう。それは第一に「テクノロジーの飛躍的発達」、第二に「大衆の勃興」、第三に「アジアの覚醒」の３つとなります。

あらかじめ、この着眼点の素晴らしさを指摘しておくと、思想的立場による解釈の相違で異論が生まれないという点にあります。彼が例に挙げているのですが、世の中には今の時代について、「資本主義から社会主義へ」という人もいれば、「自由から統制へ」向かっていると表現する人もいれば、「独裁から自由に」向かっているという人もいますと。これらはもちろん相応の根拠があるのを彼も否定しません。一方で、何らかのイデオロギーと密接に結びつくものであり、該当のイデオロギーに立たない人から見るとそうではないといわれてしまうわけです。

そういうなかで、「出来るだけイデオロギー的色彩のない、何人といえども疑いえない社会的な事実を基底にして、その一番基底的な、社会的事実から逆に現在のイデオロギーの争いを判断していく」ということが望まれるわけですが、丸山があげた3つはそれを満たしているのではないかということです。この話は3つの項目それぞれについて掘り下げて見ていくと、より理解することができます。

2　テクノロジーの発達

まず、第一のテクノロジーの飛躍的な発達から見ていきましょう。こちらについては、今の時代の人からすると、彼の生きた時代の人以上にそれは当然だろうという感想を持つでしょう。そして、同時に多くの人はそれが良い方向に直線的に進んでいると考えるでしょう。もちろん、良い側面があることを彼も否定するつもりはありません。しかし、丸山の議論で重要なのは、テクノロジーに関する多面的かつ長い時間軸での議論です。長い時間軸で見た場合、短期では良いと見えたものが、そうではなくなることはよくあるわけで、テクノロジーも個別の発明品などに縛られない形での考察が必要だろうということです。

たとえば丸山は、産業革命以降の輸送技術の発達で、人間の移動距離やスピードがそれまでとは比較にならなくなった時に起きたことについて話をします。「ハンニバルがローマ遠征の為にアルプスを超えた時間と、ナポレオンがアルプスを超えた時間とが殆ど同じである」時代の間は、戦争というもののあり方は大元では変わりませんでした。もちろん、武器の改良などは多少ありました。しかし、産業革命を境として蒸気機関が生まれたり航空技術が飛躍的に高まったりした後の人間や国家の変化と比較すれば、誤差の範囲であるとさえいえるわけです。

イギリスについて考えてみると、面白いことが見えてくると彼は言います。イギリスは長い間の国防上の利点は、英仏海峡の存在であり、ナポレオンはそれのためにイギリス征服に失敗したとされています。しかしその後、本格的にジェット機が実用化されてくると、状況が一変します。海峡を目に見えない速さで人間が超えることができるようになり、「イギリスは数百年に亘る地理的に有利な状況を一挙に失ってしまった」のです。

これに近しい例として、第二次世界大戦の日本についても似たようなことが言えて、多くの島々の奪い合いというのが日米で行われました。これは空を高速で飛べることなくしてありえない戦いの姿であり、それがいろいろな歴史的事象を引き起こしたのです。もちろん、今くらい航空技術や燃料技術が進んでいれば、島を取り合って補給場所を取り合うことすら必要でなくなっているかもしれませんが。

なお、丸山はアメリカの戦争を眺めると、テクノロジーの発達に関して多くのことを学べるだろうといいます。それは先のイギリスと似た部分でもあるのですが、アメリカは軍事的に第二次世界大戦までは、その時々のテクノロジーの発達の恩恵を受ける側にいました。しかし、その勢いで朝鮮戦争に入って以降は、被害を受ける側になっていったというのです。どういうことかというと、第二次大戦後に起こった朝鮮戦争は小国での戦争でありながら、アメリカの死傷者は太平洋戦争より圧倒的に多かったというのです。そして、その後ベトナム戦争やイラク戦争なども泥沼にはまっていくなかでは、テクノロジーの発展はアメリカという国に常に好意的であったわけではないということがいえるのです。もちろん、今の時代には再転倒が起きている可能性もありますが、重要なのはテクノロジーの発達は時間軸と見る角度で評価が大いに変わるということです。

なお、丸山の話は少し軍事というものによった話にはなっていますが、テクノロジーにより社会のあり方が根本的に変わる、人間が変わっていくというのは、軍事に限りません。今でいうと、インターネットはいろいろな形で世界のあり方を変えています。たとえば、政治においては高度なアルゴリズムによって作られたネット広告の発展により、選挙戦のあり方が変わっているということが指摘されています。ジェイミー・バートレット『操られる民主主義』では、アメリカの大統領選を例に、政治家の選挙運動の肝が自分が最大限良く見えるように個別化された広告を作り出し、対象者ごとにメッセージを分けて運用できるかが極めて重要になっていると指摘されています。民主主義のあり方そのものを変えつつあるということです。

しかし同著では、ネット技術が発達したことで、国から選挙戦への介入が容易になったということが紹介されています。たとえば、バートレットはアメリカの選挙ではロシアの介入が取り沙汰されたことを紹介し、内政干渉が以前よりはるかに可能となり、デジタルテクノロジーが社会を破壊する危険性も指摘されています。これが実際にどこまで正しいのかはともかく、技術的にそれが嘘とはいえなくなったというのは大きな変化であることは間違いありません。いちいちロシアの側が物理的に国境を越えなくてもいいのですから。

これらの例は何を指し示すのかを簡単にまとめておくと、技術の進歩に人間のモラルや考えとそれに準じて作られる社会制度は常に遅れを取るということです。それにより、技術により恩恵を享受していた側が急にとてつもない被害を受ける側に変わるということも起きますし、モラルを逸脱していると思えることも、その損害が甚大であるとが明らかになるまでは当たり前のように正当化されてしまう可能性があるということです。

丸山はこれに加えて、テクノロジーの進歩は大きな流れとして、官僚化や合理化が人間のあらゆる組織において進むだろうということも付け加えています。それは当然だろうという感じかもしれませんが、冒頭に指摘のとおり、専門化することや分業を行うことのメリットだけに目を向けているうちはなかなか見えてきません。

彼は具体的なリスクとして２つ挙げています。１つが「実質的な官僚主義」と彼が呼ぶもので、「創意の欠如とか、ナワ張り根性とか、あるいはレッドテープと言われる（お役所仕事と言われる）ような仕事のルーティン化、決まりきった仕事を繰り返すということから生まれる停滞性、こういうことが生まれる」ことなどがあげらています。こちらはよく聞く議論かもしれません。

興味深いのは2つ目で、「デモクラチックなコントロールがますますゆるみ、ゆるめばゆるむ程、上部が一方的に決定して下部が受動的になる」というものを、彼はあげます。これが進行すると、「下部がパッシヴになりバラバラになり、個々人が原始的になり、上部が一方的にきめていく」という傾向が生み出されると、社会学者ロベルト・ミヘスに依拠しながら指摘をします。テクノロジーのおかげでより大きな組織を作り出したり、より専門化を社会的にも一組織内でも進めることができ、多くのメリットが得られることは指摘するまでもありません。一方で、寡頭制支配の鉄則のようなものが、その構造を作ろうと動いている人がどう考えているかにかかわらず、自然とできてしまうことが考えられるのです。

その兆候はすでに多くみられ、国会の本会議が形骸化し、大事なことの議論や決定が委員会で決まっていく現象はその典型例だと彼は述べているのですが、今もまさにそれが該当します。企業経営においても株主総会が形骸化し、少数の大株主の意向がそのまま専制的に反映されてしまう状況になっています。また社会全体としても、少数の企業による業界の寡占という形で専制的になっていきます。

さて、このような形で社会のあり方の変容が多くの領域で変化することが避けられないなかで、人間の精神構造もその状況に合わせた特有の精神的な特徴を生み出すと、彼は指摘します。

まず1つ目が、ここまでの議論でも出た分業の極端化の延長で、人間の総合的な人格が解体していくということをあげています。具体的には、「専門分野では非常にすぐれていても、一般的な総合的な判断力、例えば具体的な政治感覚とか、社会問題に対する感覚の仕方が殆ど子供のように低調であるといったような非常に不均衡に精神状態の発達した人間が大量に生産される」ということが指摘されています。ありきたりの例ですが、ヒトラーの支配をあげていて、最も科学的な知識を誇ったドイツ人が、最低最悪なことをしてしまった逆説で実証されているというのです。

続いて２つ目の精神的特徴が、ニヒリズムの台頭です。ここまでも述べてきた「合理化」という言葉の意味を考えていくとその意図することが見えてきます。「合理化」は組織における機構的な合理化を意味するのですが、これが実質的な価値と一致しないことが往々にしてあるという事実にもかかわらず、人間はそれに奉仕してしまうことがあるというのです。「いったいどういう価値実現のために有効な方法として能率をあげるのか、また、どういう目的と意味とを以て、社会的役割を果たすか、というようなことに対しては全く無関心である」という説明を聞くと、我々の多くがすでに自分自身もそうなっているのではないかと感じることでしょう。大目的を忘れ、目の前の効率性を意識することが、無責任さと時に下劣さや悪徳ぶりを推奨までしてしまうということは、もしかするとさらに今後増えてくるのかもしれません。

３　大衆の勃興

続いて２つ目の現代社会に通底するものである「大衆の勃興」を見ていきましょう。これも、「イデオロギーの違いに拘らず、それを超えて存在する普遍的傾向」というわけです。ただし、ここで誤解してはならないことがあります。それは「大衆の勃興」が「デモクラシーの勃興」を意味するわけではないということです。

その良いサンプルが選挙権の拡大かもしれません。当初は一部のブルジョアジーなどにのみ限定されていた特権的な選挙権のあり方が当たり前でした。歴史的にはデモクラシーの母国であるイギリスでもこのような事態が長く続き、丸山はこれを「ブルジョアデモクラシー」の時代と呼びました。その後、徐々にマス（大衆）に選挙権が解放されていき、大衆デモクラシーになるわけですが、問題提起としてはマスに権利が解放されたらデモクラシーが勃興したのかということなのです。

もちろん、初期にはデモクラシーの実現と連動しているように感じられた段階もあったのでしょう。しかしながら、現代で我々がまさに経験しているように、大衆デモクラシーの時間がより経過したことで、デモクラシーが以前より実現しているかというと、それに自信を失いつつある時代を生きているわけです。このことをもって丸山が我々に伝えようとしているのは、「デモクラシーの発展が大衆の勃興の原因なのではなくて、むしろ社会の普遍的な現象としての、大衆の勃興というものにリベラルデモクラシーが自分を適応させたといった方がいい」ということなのです。あくまで、大衆化という現象の方こそが「主」なのです。

また、この大衆化という現象の普遍性については、デモクラシーを標榜する国においてのみ起きるものではないという説明からもなされます。たとえば、一党独裁の中国共産党が政治を執り行う中国においても、大衆というのは出てきているというわけです。近代化という形で義務教育の発達、工業化、通信や交通手段の発展が起きれば、大衆は自然と生まれてくるのです。そう考えると、「大衆の勃興」は一つ目の「テクノロジーの発達」と別で起こるものではないということがわかります。「これが現代政治におけるテクノロジーの発達と密接な関連を持つ第二の基本的な特徴」と彼がいうように、「テクノロジーの発達」と「大衆の勃興」は連動しているのです。

では、大衆の勃興が何をもたらすのか。これは大衆に迎合することが政治指導者として第一の関心事になるという当たり前のことに尽きるのですが、詳しく検討するといろいろなことがわかると、丸山は言います。

たとえば典型的なものでいうと、いかなる階級や社会的な所属に裏打ちされていない大衆は「利害」がないがゆえに、移ろいやすく、コントロールしにくく、最終的に迎合するために大衆を煽った政治指導者ですら収集がつけられなくなることが想定されるわけです。大衆というものの本性がボヤッとしたものであるがゆえに、政治指導者もまたいい加減なスローガンをもって何度も接してしまい、意図せぬ悲劇を招くことも増えるのです。

この大衆化の大きな流れを考えると、少々の大衆に対する指導や訓練ではどうしようもなく、思考力の解体という形で病理がどんどん進行していくことは避けられないことも見えてきます。しかも、丸山はこれを後押しするものを20世期に人類は生み出してしまっているとしており、それがマスコミュニケーションなのです。

もちろん新聞社の衰退やテレビの衰退という兆候が見られる今日においては、その主導権を握る媒介は変わるでしょう。しかしそれがウェブの世界へと主戦場を変えていっても、本質が変わるでしょうか。その手段が変わったとて、大きな流れとしての病理現象がそれによって止まったりすることなどは考えられないというのが、彼のメッセージなのです。大衆の勃興は、それをテクノロジーで加速させることはできても止めることはできないのです。

むしろ、より高度なコミュニケーションをマスに対してできることになるという意味で、より危険になっていくことが考えられるわけで、その兆候はネットにおける動画プラットフォームやＳＮＳがすでに示してくれているのではないでしょうか。

4　アジアの覚醒

最後の３つ目が「アジアの覚醒」というものになります。これについては、「十九世紀がヨーロッパ帝国主義のアジア侵略の絶頂点をなしている、とするならば、二十世紀はそれがちょうど波頭に登りつめて、大きくどっと崩れる時に当るということ」という説明がなされていて、今後もこの流れがある程度続くであろうと、彼は指摘しています。つまりは、西洋中心の時代だった19世紀以降の大きなトレンドの変化が時代を経るごとに鮮明になるだろうということですね。

丸山はそのアジアの覚醒が具体的に現れるのには、20世紀一杯はかかるだろうと指摘していたのですが、今日に生きる我々は幸運にもその確かさを思想信条問わずに確認することが可能ではないでしょうか。たとえば、中国に批判的で嫌悪感を持つ立場の人であろうと好意的な人であろうとも、中国の国として影響力が増していることは、マクロレベルでもミクロレベルでも感じることができます。それだけでなく、東南アジアも同様に発展めざましく存在感を増しているということはここ十数年で鮮明になってきています。

さて、この「アジアの覚醒」はアジアの相対的繁栄を意味するわけですが、一方で相対的にもう一ついえることがあります。それは、欧米の停滞や衰退です。その理由として丸山は、イギリスの例で言えば、多大な繁栄がインドの帝国主義支配に裏打ちされていたということをあげます。それゆえに、その支配が失われれば、イギリスが19世紀頃の世界において見せていた圧倒的な存在感を発揮し続けることは、もはや不可能となるという話です。

なお、この「アジア」にはもちろん日本が含まれます。丸山は「アジアの抵抗の真先に台頭したのが日本」だという言い方をしているように、彼の歴史観では、明治維新以降から西洋への強い抵抗をした日本は「アジアの覚醒」におけるフロントリーダーだということになるようです。

もちろん、日本自体がアジアへの帝国主義的侵略を行ったため、歴史は常に西洋vs東洋のなかでできたとは意味しないことは留意する必要があります。けれども、その日本が帝国主義の建前として「アジアの解放」というスローガンを掲げていたのは偶然ではなく、「世界史の不均衡を補塡、是正しようという、大きな天秤の平衡運動なんだ」と、彼はいいます。

5　現代政治はどうあるべきか

以上、丸山が考える３つの大きな流れというものを紹介しました。これらをふまえることで、これからの時代で政治が力を入れるべきところは、個別具体的なところで間違えることはあるにしても、大きな時間軸のなかでは間違えないだろうというのが、彼の主たるメッセージです。それは、いかなるイデオロギーや思想的立場を取り入れるにしてもそうだというところが、あらためてですが大事です。

最後に、少しだけ私の方で現代に引き付けてまとめておきたいと思います。まず、「テクノロジーの発展」によって生じる課題への対応は、いかなる立場であろうとも政治的議題を議論する上で避けては通れないのはいうまでもありません。テクノロジーに楽観的であろうが悲観的であろうが、テクノロジー自体を議論しないということはあり得ないということです。それに抗う牧歌主義的な態度は個々人で行う分にはよいのかもしれませんが、国全体でその様な態度を取ることは不可能でしょう。そういったなかで常に意識しておかねばならないのは、技術の進化に人間の社会制度や人間の精神状態は遅れを取るということであり、いかにそれを意識したうえで、早期に時代にあったものに変えることができるかが重要になるわけです

続いて「アジアの覚醒」についても、政治の話題の中心になることは良い意味でも悪い意味でも避けられないでしょう。ポイントとなるのは、アジアというものを後進国扱いしたり、未開の国であるとい

った具合に、自らより劣るものと見ていると痛い目にあうことは避けられないということです。これについて、諸外国以上に注意が必要なのが日本だと私は考えています。なぜならば、アジアの国でありながら、20世紀にアメリカを筆頭とした西洋の繁栄にかかわるおこぼれを預かってきた立場でもあるという、いささか複雑な立場だからです。そのねじれのなかで、容易に方針転換できず、衰退の一途を辿るということが容易に考えられます。たとえば、アメリカについていくということが日本の一つの基本スタンスであるわけですが、今やそのアメリカは過去のような余裕は感じられず、イギリスの存在感が落ちていったのと同じものを感じさせています。そのなかで、日本は現実にあった方向転換ができるのか、我々自身もが見続けなければならない問題となるでしょう。

最も糸口が見出しにくいのが「大衆の勃興」というテーマかもしれません。近代的な仕組みを一度入れてしまうと、大衆というものの台頭は大きな流れとして避けられないという話を、彼は述べていました。彼の議論ではその帰結がポピュリズムを常態化すること、強権的に大衆を押さえ込むこと、ファシズムになることなど、いい話がまるでありませんでした。

また、それ以上に大きな問題があります。他の２つに比べて、対処法はもちろん、そのきっかけすら見出すことができていないところにあります。もちろん、いろいろな試みというのは試されています。しかし、その代表的なアプローチが中国やロシアのように強権的に大衆を押さえ込むという、デモクラシーとはかけ離れたものであるということは興味深い現象です。デモクラシーを大衆の勃興とうまく馴染ませることができる材料は出てきていません。そういう流れのなかで、「大衆の勃興」で切り崩されていくものをいかに保存できるかという、保守主義の再評価が進むことはあるでしょうが、形式的にいかに制度が残ろうとも実態としては民主主義が失われていく国家がいくつも出てくることは避けられないでしょう。そういう意味で、この問題とはかなり長い間付き合っていかなければならなさそうです。

あとがき

「哲学系ユーチューバーじゅんちゃん」こと北畠淳也さんと出会ったのは、1年ほど前のことである。コロナ禍の中、いわゆる「大阪都構想」をめぐる二度目の住民投票が強行されようとされていた2020年10月末、〝じゅんちゃん〟から突然のオファーを受け、『哲学入門チャンネル』で「緊急対談：大阪都構想を前に知っておきたい『維新の支持層』『維新の強さ』」という1時間ほどのライブ配信を行った。大阪を中心に各地で講演して回ってきた内容をお話ししたに過ぎなかったのだが、わずかの期間に4万近くの視聴回数を数え、〝じゅんちゃん〟というインフルエンサーの発信力の大きさを思い知らされた。

その際、「機会があれば本業の研究対象である丸山眞男についても話してもらえませんか」とオファーを受けたのだが、お定まりのリップサービスだろうとたかを括っていたのである。だが〝じゅんちゃん〟は本気だった。年末の12月25日に本書第1部第1章のもととなったライブ配信が行われる運びとなり、引き続き、2021年3月16日に2回目、5月5日に3回目と、とんとん拍子に話が進んでいくこととなったのだ。

日々刻々の政治・社会状況、SNS上に展開する言論動向に鋭く切り込み、哲学的思考に裏づけられたクリティカルな論評をウリにする〝じゅんちゃん〟の『哲学入門チャンネル』に、丸山論などという〝ヒマネタ〟はひどく場違いなのではないかといささか心許なかったのだが、3回にわたる配信は、それぞれ1万から2万の視聴回数を数え、まずまずの結果にひとまず胸をなで下したのだった。

だが話はそこで終わらない。「あけび書房」の社長兼編集者に就任したばかりの岡林信一氏が1回目の配信をたまたま視聴され、この内容を書籍化したいとのオファーを下さったからである。神戸を拠点に「市民社会フォーラム」という市民運動のプラットフォームを主宰されてきた岡林さんとは、かれこれ四半世紀来のつきあいであり、その彼がひょんなことから社長に就任された「あけび書房」には、名古屋大学時代に取り組んだ平和憲章制定運動の経緯を『平和への学問の道』という本にまとめてもらった縁もあった。こうして何やかや思いもかけぬ展開の結果、本書は世に出ることとなったのだ。

期せずして成った本書ではあるが、準備が進められてきたこの1年、コロナ禍のもたらした深刻な医療崩壊により、失われずにすんだはずの数多くの人びとの尊い命が失われ、その中で日本政治の無責任・無計画・非合理が否が応でも露わとなっていった。こうした状況のもと、かつて丸山眞男の問いかけた多くの問題が、奇妙なまでのリアリティーをもって迫ってきているとの思いが湧き上がるのを禁じ得なかった。こうした思いを共有する方がたに本書がひもとかれ、この閉塞状況から脱して「開かれた社会」へと向かう道をともに探っていく糧となれるのだとすれば、まさに望外の喜びである。

2021年9月28日　冨田宏治

著者略歴

冨田宏治（とみだ　こうじ）
1959年生まれ。関西学院大学法学部教授。日本政治思想史。2006年より原水爆禁止世界大会起草委員長。著書に『核兵器禁止条約の意義と課題』（かもがわ出版、2017年）、『丸山眞男―「近代主義」の射程』（関西学院大学出版会、2001年）、『丸山眞男―「古層論」の射程』（同、2015年）など多数。

北畑淳也（きたはた　じゅんや）
1992年生まれ。住所不定で活動する思想家。YouTube番組『哲学入門チャンネル』を主宰。著書に『世界の思想書50冊から身近な疑問を解決する方法を探してみた』（フォレスト出版、2019年）。

今よみがえる丸山眞男 ―「開かれた社会」への政治思想入門

2021年12月8日　第1刷発行 ©

著　者　冨田宏治、北畑淳也
発行者　岡林信一
発行所　あけび書房株式会社
〒120-0015　東京都足立区足立1-10-9-703
☎ 03. 5888. 4142　FAX 03. 5888. 4448
info@akebishobo.com　https://akebishobo.com
印刷・製本／モリモト印刷

ISBN　978-4-87154-200-5　C3031　¥1600E